重庆市教育委员会人文社会科学研究一般项目(22SKGH531,20SKDJ025)资助
重庆市高等教育教学改革研究项目(213455)资助

融资租赁模式的实践与应用

——基于互联网汽车行业和涉农中小企业的分析

李义红　著

中国矿业大学出版社
·徐州·

图书在版编目(CIP)数据

融资租赁模式的实践与应用：基于互联网汽车行业和涉农中小企业的分析 / 李义红著. — 徐州：中国矿业大学出版社，2023.8

ISBN 978-7-5646-5921-9

Ⅰ.①融… Ⅱ.①李… Ⅲ.①融资租赁—研究 Ⅳ.①F830.8

中国国家版本馆CIP数据核字(2023)第149319号

书　　名	融资租赁模式的实践与应用 ——基于互联网汽车行业和涉农中小企业的分析
著　　者	李义红
责任编辑	杨　洋
出版发行	中国矿业大学出版社有限责任公司 (江苏省徐州市解放南路　邮编221008)
营销热线	(0516)83885370　83884103
出版服务	(0516)83995789　83884920
网　　址	http://www.cumtp.com　**E-mail**:cumtpvip@cumtp.com
印　　刷	徐州中矿大印发科技有限公司
开　　本	880 mm×1230 mm　1/32　**印张** 3.125　**字数** 84千字
版次印次	2023年8月第1版　2023年8月第1次印刷
定　　价	36.00元

(图书出现印装质量问题，本社负责调换)

前　言

融资租赁是企业解决融资问题的常用方法，也是解决企业融资难问题的有效途径。第一，融资租赁可以改变金融业的传统格局，改善融资环境；第二，融资租赁可以打破行政区划的壁垒，实现资源的高效配置；第三，融资租赁可以以低成本方式扩大规模，能缓解企业的融资约束。融资租赁已经广泛运用于农业、船舶运输、光伏设备、汽车租赁等行业。

中小企业早已被认为是社会主义市场经济主体的重要组成部分，对经济发展的推动作用越来越明显。国民经济要想健康稳定发展，离不开中小企业这个重要的企业组织形式。涉农企业一直是我国"三农"发展中的"排头兵"。涉农中小企业与农村经济的发展有着密不可分的关系，主要经营领域为农产品或者农业资源的生产、提供、制造、深加工等，服务农村经济发展。

资金缺乏一直是阻碍中小企业发展的重要因素，涉农中小企业融资难更是普遍现象。2015年，重庆市人民政府办公厅出台了《关于加快融资租赁业发展的实施意见》，意见明确指出，农村要想获得快速发展以及要想建设社会主义新型农村，就急需要资金的投入，融资租赁是值得大力推广的方式之一，要让融资租赁在现代农业中广泛应用起来。

近年来我国汽车工业发展势头强劲，汽车产业作为国民经济支柱产业的地位越来越突出。随着国家政策的支持，金融市场和资本市场的不断完善，汽车融资租赁逐渐成为消费者购买汽车的一种新兴方式。疫情冲击既是挑战，也给汽车融资租赁行业带来了新的发展机遇，危机中孕育着新的希望。高度渗透的汽车金融服务引导着新的消费理念和需求，助推产业复苏和发展。

总体来看，国内汽车消费市场当前处于相对饱和状态，行业进入成熟发展期，多元化竞争加剧，产业结构、消费结构的升级和转型迫在眉急。具体到国内各区域市场，三四五线中小城市、县区及农村乡镇成为提升汽车销量新的“蓝海”和增量市场。同时，总体收入水平相对较低，对价格较为敏感的新一代小镇青年消费者成为购车新势力，汽车融资租赁作为新的购车方式，吸引了该部分潜在客户并转化为真实的购车群体，成为后疫情时期新的汽车消费增长点。

如今互联网与我们的生活息息相关，外加汽车融资租赁行业正在兴起，所以互联网汽车融资租赁成为当今应关注的重点行业之一，并且互联网汽车融资租赁顺应了数字经济的时代要求。互联网汽车融资租赁的自身特征，使其适应能力和发展能力都较强，并且其中最值得重点提出的是其“以租代购”模式。互联网汽车融资租赁适应消费者需求变化，深受我国当代年轻人的追捧。从我国国情来看，虽然互联网融资租赁的发展确实存在诸多不足之处，例如信贷风险、二手车市场混乱、法律法规不完善，但是互联网汽车融资租赁得到各行业的支持，以及互联网汽车融资租赁自身的努力，还有汽车融资租赁市场的增长潜力，成为互联网汽车融资租赁快速发展的基础和保障，将会使其逐一化解困难，因此我国互联网融资租赁的未来发展仍是可观的。

作　者
2022 年 4 月

目　录

第一章 引 言

第一节 研究背景及研究意义

一、研究背景

20 世纪 80 年代，从国外传入了融资租赁，由于其具有较好的融资功能，故得到了推广，再加上政府对此种融资方式的大力宣传和支持，不断出台与融资租赁相适应的配套政策，目前其已经成为一种比较流行的融资方式。融资租赁是金融行业的支柱之一，在服务中小企业、优化资源配置和促进产业升级等方面发挥了重要的作用。

融资租赁实现的具体方式为融物，通过承租人对租赁物的选择，由出租人根据出租人要求购买标的物，承租人通过支付租金的方式获得标的物的使用权。对于出租人来说，可以降低因为信息不对称而导致的租金收取风险。对于中小企业来讲，这种融资方式的优势在于不需要提供过多的抵押担保，同时可以避免租赁物设备折旧所带来的风险。因此，作为一种新型的融资方式，融资租赁可以使涉农中小企业借钱难、融资难的现状能够得到很好的改善。

2018年我国车市遭遇了20多年以来的首次年销量负增长，在我国汽车行业传统增长动能日益萎缩的情况下，市场需要新的增长引擎。从我国千人私人汽车拥有量来看，一线、新一线和二线城市是过去我国汽车销量增长的主要动力，然而在环境污染、交通拥堵的情况下，许多一二线城市的限牌限购政策阻碍了新车销量的增长。而在我国广阔的三四五线城市中，人们对车辆的消费能力和消费欲望与日俱增，成为我国汽车市场新的增长动力。

我国汽车融资租赁行业起步较晚，根据罗兰贝格发布的《2022中国汽车金融报告》，我国汽车融资租赁行业整体渗透率逐年提升，2016年国内汽车融资租赁渗透率为2%，2021年渗透率达到10%，2025年将达到21%左右。从长远来看，我国规模庞大的汽车消费市场决定了汽车融资租赁行业将有较大的发展空间。随着行业的发展成熟，融资租赁在汽车金融中所占的比例势必提升，成为规模更大的细分市场。

2016年的“中央一号文件”第24条提出，要推动金融资源更多向农村倾斜，加快构建多层次、广覆盖、可持续的农村金融服务体系。发展农村普惠金融，降低融资成本，全面激活农村金融服务链条，其中重点提出要发展农村金融租赁业务。

重庆市涉农中小企业的发展，对实现重庆市五大功能区的建设与发展具有重要的作用。现阶段许多涉农企业处于稳步扩张阶段，涉农企业既要花钱购买农资产品、原材料，还要耗费大量资金购置原材料，而农业又表现出投资周期长、回报率低、前期投入资金大、资本回报呈现明显的季节性等特征，如何克服上述问题让涉农企业发展壮大起来，亟待大量资金的支持。

就现状而言，多数汽车租赁企业、涉农企业普遍存在企业自身资金不足、企业信用等级较低、由于缺乏专业的管理人员导致企业对资本的运营能力较低等特点，因此向银行等金融机构融资的传统方式明显存在不足。中小企业融资难问题，尤其是互联网汽车租赁企业、涉农中小企业的融资难、利率高等问题已经成为阻碍其发展的一大棘手问题。

然而,互联网汽车行业、涉农中小企业受管理经验、人员金融知识水平、资金运作能力的影响,先天具有弱质性,特别是企业自身薄弱的风险控制意识和较低的财务管理水平,企业在进行融资时尤其是融资租赁时所承担的风险往往超出了企业可以承受的范围。

我国产业朝着现代化的方向发展,资金的支持是必需的,尤其需要多层次、多渠道、多方位的金融体系支持。如何根据现代企业的经营特点,发掘产业经济中新的增长点,创新金融产品与金融服务,使现代企业在中国的大地上开花结果,融资模式至关重要。因此,将现代企业与现代融资租赁业务相结合,扩展融资租赁的应用领域,促进产业现代化向更优质高效领域发展,是当前理论界和实务界亟待解决的一个问题。

二、研究意义

本研究的理论意义:风险管理的研究现已有大量论述,关于融资租赁的研究成果颇丰,中小企业作为融资租赁业务的主体,对其使用融资租赁方式的适用条件、风险的回避也受到学者大量关注。然而,对于融资租赁用于互联网汽车、涉农企业以及涉农企业如何防范风险,国内却鲜有报道,论述重点还限于传统的融资租赁公司。本书主要从实用性角度出发,对互联网汽车、重庆市涉农业务中小企业的融资业务中的风险及防范措施进行研究,以期为互联网汽车行业和重庆市政府在做出相关决策时提供参考。

本书研究的实践意义:

第一,通过对互联网汽车、涉农中小企业在开展融资租赁活动中的风险开展调查研究,从而确定其风险类型,以及结合企业实际情况降低风险对企业的影响,从而使企业融资成本最低,实现融资决策的优化和企业经营的优良化,保证企业拥有较高的资金使用效率,提高企业的管理水平。

第二,对于开展融资租赁业务中的另一方——租赁公司来说,如何降低信息不对称所带来的承租企业有可能存在的租金支付风险、抵押物贬值风险、违约风险等,是开展此类业务时应该首要关注的问题。租赁公司可以参考本研究的结论采取针对性的措施,从而将风险降到最低。

第三,融资租赁业务要想健康发展,更好地服务国民经济,离不开政府的宏观调控与政策指导,因此本研究的实践意义之一就是可以为政府在制定行业经济政策或者决定时,充分考虑承租企业、租赁公司甚至一些信用中介机构对各自利益的诉求,再结合当下我国汽车、农业领域发展的实际情况,制定切合各方利益的合理规划,从而确保整个融资租赁行业有序发展。

综上所述,开展融资租赁实践与在整个互联网汽车领域、农业领域的应用研究,其扩展空间巨大,应用前景广阔,对各个利益主体来说都是现实且意义重大的。

第二节 研究思路与研究方法

一、研究思路

通过对相关文献的研读,以及对我国互联网汽车行业、涉农中小企业,特别是重庆市涉农中小企业所在行业的案例进行分析与研究,总结分析涉农中小企业在进行融资租赁活动中所表现出来的风险特征,以及对其风险影响因素的研究,先提出研究总体理论框架,进而结合互联网汽车行业和重庆市融资租赁行业关于涉农中小企业的融资活动的数据及相关分析报告,去发现互联网汽车行业发展过程中、重庆市融资租赁业务开展过程中的融资决策过程的风险特征及制订风险控制措施，为地方政府在规范和促进互联网汽车行业、涉农中小企业融资租赁业务发展而制定政策时提供参考。

二、研究方法

本书的主要研究方法：

（1）文献综述法

主要在中国知网上检索与融资租赁业务风险防范、中小企业融资风险、互联网汽车行业、重庆市农业企业融资风险等相关的文献资料，归纳出目前国内、国外的最新研究成果。

（2）数据检索法

通过登录中国知网、国家统计局网站、工信部网站、重庆市农经信息网、重庆市农业农村信息网，以及查询国家统计年鉴、重庆市统计年鉴和一些相关权威统计网站，本书收集了关于融资租赁行业、汽车行业及涉农中小企业的相关数据，为后续研究奠定了基础。

（3）案例分析法

本书引用实际案例，主要是对一家互联网汽车金融租赁公司、几家涉农企业以及重庆市在农业领域开展融资租赁业务比较早的企业——重庆渝农商金融租赁有限责任公司展开研究，深入分析融资租赁风险的具体表现及特征。

第三节 研究创新与不足之处

一直以来，中小企业融资难是令人棘手的现实问题，如何创新融资方式，将融资租赁运用到中小企业中，助力我国构建更加完善的金融体系，成为学界孜孜不倦的追求。最近几年随着政府对互联网企业、农业领域加大投资力度，行业的资金融通成为主要的完善互联网汽车融资租赁、农村经济的手段。搜索现有文献，针对互联网汽车融资租赁的研究不是很多，对农业领域中小企业的融资租赁虽然已有，但是文章篇幅不多，研究深度也不够，实证数据更是少之又少。本书的创新之处是专门研究互联网汽车融资租赁、涉农中小企业融资租赁风险，除了关注最新的理论动态之外，还结合中国国情、重庆市当下农业发展实际情况，结合重庆市当下融资难、贷款利息高、涉农贷款在所有贷款中所占比例偏低，汽车融资租赁市场接受度不高的实际情况给出适合重庆市实际情况的有效对策。

由于准备的时间较短，资料相对比较缺乏，加之笔者学识有限，虽然力求做到将互联网汽车企业、重庆市涉农中小企业开展融资租赁活动呈现于读者面前，但是还是存在不足之处。例如对互联网汽车企业、重庆市农业企业的融资现状的整体把握上，并未获得最新的数据，在对企业的基本情况的介绍中也并未做到详尽完美。对书中所提出的建议和意见也有待于在今后实践工作中检验。希望本书的出版能够起到抛砖引玉的作用，引起广大学者和实务工作人员的重视，为互联网汽车企业发展、重庆市建设乡村经济、融资租赁行业发展奉上自己的贡献。

第四节　国内外相关文献综述

国外已有几十年的关于融资租赁的研究历史，理论和实践成果也非常多，现已发展比较成熟，尤其是美国和日本。我国对融资租赁的认知，不管是在理论研究上还是在实践应用上，与美、日等发达国家相比还处于初级阶段，远未达到理论成熟。

理论界大多数的观点倾向于将融资租赁作为一种重要的融资方式，对完善金融体系、降低企业融资成本、加快企业发展、降低企业资金压力起到了至关重要的作用。

近年来，随着我国经济的快速发展，企业尤其是中小企业对融资的需求与日俱增，政府已经着手制定了一系列发展融资租赁的政策和措施，伴随着外部环境的逐渐优化，融资租赁业的发展速度非常快。学者们也意识到融资租赁对国民经济发展的促进作用，理论研究已经从某几个特定的领域到几乎所有行业适用融资租赁的可行条件分析和数据研究。

一、关于汽车融资租赁的文献综述

关于融资租赁的研究，最初阶段都集中于对融资租赁业务的系统介绍分析上，S. C. James 算是该领域研究比较早的学者，其立足于传统租赁与融资租赁的差别，对两种融资模式进行了区分，并且对融资租赁模式展开了介绍。Laurence 则指出：融资租赁作为一种具有巨大杠杆作用的金融工具，优势比较明显，尤其比较适用于经济发展中的国家或地区，可以缓解发展中经济不足的问题。L. M. Levis 的观点是：中小企业在开展融资租赁业务以达到融资目的时，即使出租人出现破产风险，中小企业也可以通过债券担保避免损失，并且能够大量降低破产成本。后续随着融资租赁的作用日益明显，其在资产证券化中的应用越来越广。

由于我国采用融资租赁的金融方式切入汽车产业的时间较短，因此在 2010 年之前的研究相对较少，并且截至目前大部分涉及汽车融资租赁业务的研究基本都集中在车辆交易环节。

B. H. Nunnally 通过调研分析了汽车销售市场上报告的信用成本信息，以确定汽车租赁是否真的比分期贷款便宜；评估了商业银行、汽车租赁公司和汽车经销商向消费者提供的信贷成本数据的准确性，以衡量所报告的信贷成本信息的准确性是否存在系统性差异。研究结果表明：租赁成本与借款成本有着显著差异，但无法判断两种融资方式哪种更便宜。消费金融市场的信贷提供者通常会大幅度低估向消费者报告的有效信贷成本。

S. D. Halladay 站在租赁债权证券化的角度，指出融资租赁是信贷资产证券化的不可或缺的一部分，作为金融行业的重要创新之一，应该在各个行业进行推广。

S. R. Grenadier 通过构建衡量企业租赁倾向的指标模型，认为由于严重的信息不对称或高昂代理成本，面临外部资金高信息成本溢价的公司，通过租赁为其资产负债表上的固定资产融资的比例要高得多。租赁倾向与公司规模呈负相关。

S. P. Amembal 以全面视角介绍了当时融资租赁的最新发展、理论基础、业务类型及如何提高使用价值等，根据不同的租赁估价方法计算回报率与贴现率，并进行了租赁实际操作和成本的相关调查。其研究主要分为五个主题领域：租赁概念、租赁的分析基础、租赁报告、租赁交易评估以及租赁在现代财务管理中的作用。

J. X. Fan 等通过访谈、调查分析了部分消费者家庭车辆租赁和融资行为，分析了消费者选择融资租赁购车方式的主要影响因素、主要特点及替代消费信贷的可能性等。

S. Ranman 研究了出租人和承租人之间的代理成本是否影响企业的租赁意愿。他们发现债务能力水平较高的企业的租赁意愿较低，而面临更多财务约束的企业的租赁意愿更强，对行业和租赁期限限制较多。

2004 年杜平与张学昌将汽车融资租赁和汽车消费信贷进行了比较。他们认为汽车厂商融资租赁相较于汽车消费信贷在消费者金融效率上和帮助改善上市公司财务状况上具有无法比拟的优势。

2015 年刘飞与郑晓亚针对汽车消费阶段的融资租赁，提及当时在汽车消费过程中相较于其他金融购车只有极少量的车辆是借助融资租赁实现销售的。同时融资租赁公司当时主要的资金来源均为自由资金或银行信贷资金，总体来说其他的融资渠道相对较少。

近年来随着我国汽车工业的发展与竞争日趋激烈，融资租赁金融模式不断完善和创新，更多学者开始对融资租赁汽车业务进行研究。董伟栋 2013 年提出在车辆行业可以采用直租赁的方式开展融资租赁。2016 年到 2017 年以大搜车融资租赁公司旗下品牌“弹个车”为代表的“以租代购”融资租赁产品则正是该研究在生产领域的应用。

刘莹主张应有效发挥企业集团主业和金融产业之间的协同效应，提升企业集团的核心竞争力。

左晨通过大数据风控技术在汽车融资租赁业务 5 个层面的应用研究，综合分析用户行为、习惯，减少欺诈客户，增加业务用户数量。

宋涛在《中国汽车融资租赁行业发展蓝皮书》中详述了当前国内汽车融资租赁业务的发展状况，预测了行业的发展前景及有发展潜力的新场景，畅想了行业未来的主要增长点和重要发展领域。

二、农业领域融资租赁的文献综述

对农业领域的融资租赁研究也有不少，近年来还出现了一些有价值的研究成果。鉴于农业生产的特殊性，农业领域内融资租赁业务的标的物为大型农用器械、农林渔业的种植基地或者其他生物类资产，主要为农业生产机器设备，讨论最激烈的还是关于对于农机设备是通过单独购买还是通过融资租赁获得。

M. J. Barclay 等研究了融资租赁的适用领域，最终得出结论：并非任何情况下融资租赁方式都可以帮助企业获得合适的设备，只有企业边际税率高，即对征税对象税额所占比率达到一定的值时，融资租赁方式的采用对企业来说才更具有实用价值。

对于如何更好地管理农业生产设备，提升农机设备的价值，多国学者也开展了大量的研究。C. W. Smith 等为了阐述经济发展和技术条件二者对农业生产的影响，通过建立模型并进行有效分析，研究融资租赁业务对使用农业机器设备的经济可行性的影响。

周英章、蒋振声立足宏观领域，通过介绍国外发展中国家关于融资租赁的制度分析，在普遍考察我国当下实际的情况下，对我国融资租赁业务发展给出了自己的对策和解决措施。

史燕平重点梳理了目前我国融资租赁行业的发展现状，从宏观角度对其现实发展和存在的问题进行了深入研究，值得一提的是，在文章中还引入了经营租赁这个概念，并且对经营租赁和融资租赁进行了对比，对融资租赁可以为其他行业发展带来宏观经济效益表示肯定。融资租赁对经济发展带来的促进作用已经获得了理论界的一致认可。

裘企阳被视为我国租赁行业研究领域的泰斗，他从实务的角度出发，分别从法律界定、经济属性和会计核算等方面对融资租赁进行了阐述与分析，是较早对融资租赁应用于某个特定行业的现实条件给出了具体可行的建议的学者。

国内学者对融资租赁的研究兴趣有增无减，研究领域由传统的机械设备转向一些新兴的行业，纷纷关注如何开展融资租赁与其他行业的融合，例如医疗、基础设施、教育等。融资租赁越来越深入具体领域，研究的深度有所加强。周文培从财务角度，通过对某航空公司的案例研究，对比经营性租赁和融资租赁两种方式给企业资金流带来的影响，最后得出采用哪一种融资方式并不确定，而应该根据飞机使用年限来确定结论。

对先进的医疗设备的需求增加，医院自有资金无法满足设备的购买需求，融资租赁应用于医疗领域的优势就显现出来了。张少菊指出:现阶段我国医院在先进设备的保有量上和发达国家仍有一段距离,将融资租赁应用于医院设备的购买上,可以有效缓解医院的就诊压力。融资租赁方式同样可以应用到教育机构。李绍江在文章中指出:随着高校实行扩招政策,高校学生越来越多,教学环境和教学资源都在不断扩大,但是还是稍显速度过慢,无法与高校快速发展的需求相匹配,高校要想获得长远发展,就离不开教学设备的配备,引入融资租赁模式,既可以助力高校发展,也可以避免高校发展危机。

融资租赁在促进工业领域向前发展的同时能助力农业领域发展,理论界基于上述认识,纷纷开始探讨融资租赁与农业的融合。崔玉山、孙元蠢在文章中提出:在农业领域引入融资租赁方式,主要是农机租赁,可以大幅度改变现阶段我国农业机械化生产水平整体不高的现实,加快农业发展,还可以满足农业生产者或者农场对大型农机设备的需求,对增加农民收入有益。与此同时,作为一种金融融资手段,还有利于改变农村目前的消费方式,有利于打造现代农村金融服务,更新农民金融观念。刘淄认为:融资租赁要想服务好农业发展,就必须先从外部环境着手,改善已有的金融环境,同时离不开政府的大力支持和政策倾斜。在开展融资租赁时要注意业务创新,大力将保险制度引入融资租赁业务,还要借鉴国外成功经验。时小依梳理了近年来我国农村开展融资租赁业务的大体情况,认为在农村开展此项业务难度比较大,主要是因为农村金融体系不发达,以及一些金融机构出于谨慎而不愿意开展融资租赁业务,加之农民的可担保财产较少,业务范围受到限制,因此要发展融资租赁业务,就要改善现有的金融体系,转变农民的金融意识。于晓娟从融资租赁如何带来资金融通的实际例子出发开展研究,将农业生产领域细化,认为融资租赁在农田水利设施和农机械设备领域大有可为。针对我国目前主要服务农业的金融机构为农村商业银行,张美娜重点研究了在农村商业银行中设立农业服务窗口，主要开展融资租赁业务是可行的，也是当前金融体系下的最优选择，并给出了与农业领域契合的细化措施与建议。

三、文献评述

与国外对融资租赁的研究相比，国内的研究比较少，且深度有待挖掘。对融资租赁的研究从最开始的介绍概念、业务模式，对经济发展的重大影响论述，到深耕各个细化领域，开始注重其在不同领域的适用条件，同时也有学者开始了融资租赁在某个行业应用的可行性和操作环节上的实地研究，这些都为融资租赁行业的发展提供了丰富的理论支持。

近年来针对汽车融资租赁和风险管理的研究已经很全面，大部分角度都有涉及。主要研究以下几个方面：行业的发展历史、内外部环境、政策、主要业务发展模式、相关市场成熟经验介绍、风险类别及相关识别和应对方法、各种风险评估模型介绍及应用、存在的主要业务发展问题和重要风险因素分析等。国外学者倾向于通过模型进行多元化风险管理研究与应用，国内学者也形成了具有自己特色的基础研究体系和突出领域。大部分学者关注某一类风险（如信用风险）的研究，同时研究内容和方向更加贴合业务操作过程中出现的单一风险管理、问题溯源及解决方案。

农机融资租赁作为农业经济融资的首要目标，不管是发达国家还是发展中国家，都非常重视。综合目前的研究成果来看，关于将融资租赁用于农业领域的文献篇幅不多，且关于涉农中小企业融资租赁业务的更是凤毛麟角。随着市场经济体制的不断完善和经济全球化的进程加速，国内学者正在积极探索如何借助美日欧等国家的成功经验，探究融资租赁业务在所有领域展开的各种可能性。依靠现有农业资源条件，将农业与融资租赁业务完美结合是当下该领域研究者应该积极探索的内容。

涉农领域的融资租赁方兴未艾，大部分理论研究者指出：目前我国农业系统主要有风险高、极易受自然灾害影响、农业收益尚未显现出来等缺陷，因此在农业领域开展融资租赁业务有可能存在较大风险，比如农业设备的损毁、丢失以及因为自然灾害而带来的其他风险。再加上承租人普遍为农户或者农业合作社，因此为了提升农村融资的安全性，必须加大保险的宣传力度，各个涉农服务银行应该大力开发涉农保险合作项目，将是否投保情况作为信用评价因素，同时引导银行、保险机构与农机租赁组织或者企业开展合作，提高农业生产的规模化和集约化效益。

第二章 相关理论概述

第一节 融资租赁的概念及定义

融资租赁(financial leasing),又称为现代租赁(modern leasing),或者可以称为设备租赁(equipment leasing)。其本质是对于资产有关的大部分报酬或者风险都会发生转移的租赁方式。就资产的所有权而言,最终可以发生转移,当然也可以不转移。

目前我国对融资租赁的定义大致参照财政部于2006年颁布的《企业会计准则第21号——租赁》中的规定。在该准则中,对融资租赁提出五条判定标准,如果满足任何一条及其以上,那么就应属于融资租赁。

(1) 在租赁期届满时,承租人将获得租赁资产的所有权。

(2) 承租人有权决定是否购买租赁资产,且租赁资产的实际购买价格大幅度低于期限届满时市场上购买同等资产的公允价值,故而在经济性考量之下理性的承租人绝大多数可能会选择购买该种资产。

(3) 即使未发生资产所有权的转移,但是租赁期间占用租赁资产预计使用寿命的大部分时间或者全部。

(4) 对于承租人的最低租赁付款额现值,几乎接近于租赁开始日租赁资产公允价值;出租人在租赁开始日的最低租赁收款额现值,几乎相当于租赁开始日此种租赁资产在市场上的公允价值。

(5) 租赁资产具备特殊性质,如果不对资产或者设备进行较大改造,仅承租人可以使用。

区别经营租赁和融资租赁的五个条件,如图 2-1 所示。

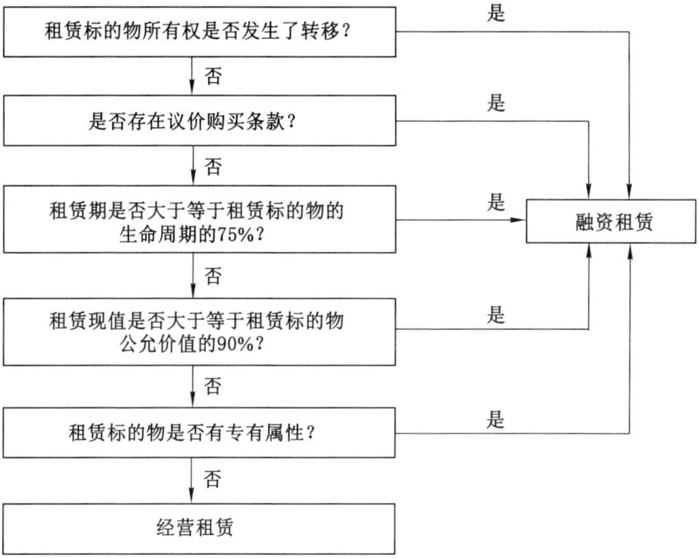

图 2-1　区别经营租赁和融资租赁的五个条件

第二节　融资租赁的主要业务模式及交易结构

一、直接租赁

1. 业务模式

该业务模式中的主体为承租人、出租人、生产厂商。首先由承租人产生对租赁物的需求,然后在确定该种租赁物的具体要求后向专门的出租人发出特定租赁物需求意向,要求出租人按照承租人的要求购买,出租人再按照一定的出租方式,向承租人收取一定费用。整个过程中租赁物交由承租人使用,但是所有权仍归属于出租人。当租赁合同期满结束,承租人可以按照适当的价格购买该租赁标的物。租赁期满后,承租人可按照约定的远低于设备公允价值的名义价格向出租人支付一笔留购价款,并取得设备的所有权。这是一种最典型的融资租赁方式。

2. 交易结构

在直接租赁模式中,参与交易的一共有三方,分别为出租人、承租人和供应商。签订的合同包括《采购合同》和《融资租赁合同》,租期一般为1～5年,详情见表2-1。

表2-1

合同名称	生效次序	签订方	合同内容
采购合同	1	甲方:出租人 乙方:供应商 丙方:承租人	约定采购的相关条款,并述明供应商由承租人指定

表2-1(续)

合同名称	生效次序	签订方	合同内容
融资租赁合同	2	甲方：出租人 乙方：承租人	约定融资租赁的交易条款

二、售后回租

1. 业务模式

售后回租，理论界有时又称为回租赁、出售回租等，参与者主要是租赁公司与承租一方。其业务流程是：首先租赁物的所有权人与租赁公司达成协议，双方签订关于租赁物的《买卖合同》，主要内容是租赁物的买卖问题，承租人为卖方，租赁公司为买方。然后，租赁物的原所有权人与该租赁公司再次签订一份关于租赁物的《回租合同》，约定由前述《买卖合同》中的卖方向前述《买卖合同》中的买方，即租赁公司将该租赁物租回。此刻卖方就成为融资租赁关系中的承租人。当承租人按照《回租合同》支付完全部租金并且支付租赁物的残值以后，就再次取得租赁物的所有权。

售后回租实际上是一种类贷款业务，承租人通过把自身所拥有的资产及设备通过售卖的方式出售给出租人，以此来获取资金，并以分期的方式支付(实际上是返还)给租赁公司(出租人)，这个交易流程/模式类似于向银行按揭购房。

2. 交易结构

如前所说，在售后回租模式中，参与主体有两方：一方为出租人，一方为承租人。需要订立的合同有两个：一个是《关于租赁物所有权转让合同》，另一个是《关于租赁物融资租赁合同》，整个融资租赁期大概为 3～5 年，详情见表 2-2。

表 2-2

合同名称	生效次序	签订方	合同内容
关于租赁物所有权转让合同	1	甲方:出租人 乙方:承租人	约定所有权转让的相关条款,特别是所有权转让的交易金额
关于租赁物融资租赁合同	2	甲方:出租人 乙方:承租人	约定融资租赁的交易条款

三、转租赁

1. 业务模式

该融资租赁业务的主要特征:将同一标的物进行多次融资。在整个转租赁业务环节上,上一租赁关系中的承租人,也是下一租赁关系中的出租人,因此又被称为转租人。转租人向其他出租人租入租赁物件再转租给第三人,转租人以收取租金差为目的。租赁物品的所有权归第一出租人。

2. 交易结构

在转租赁交易模式中,一共有四方当事人:出租人、承租人、转租人、供应商。在该业务模式中涉及的合同主要有:《融资租赁合同》《采购合同》《转让租赁合同》,具体业务流程见表 2-3。

表 2-3

合同名称	生效次序	签订方	合同内容
采购合同	1	甲方:出租人 乙方:供应商 丙方:转租人	约定采购的相关条款,并述明供应商由转租人指定
融资租赁合同	2	甲方:出租人 乙方:转租人	约定融资租赁的交易条款

表2-3(续)

合同名称	生效次序	签订方	合同内容
转让租赁合同	3	甲方:转租人 乙方:承租人	约定转让租赁的交易条款

第三节　融资租赁风险控制理论

一、风险来源

委托-代理理论形成于20世纪60年代末期,其主要观点:由于交易双方存在信息上的不对称致使出现委托人委托他人代为行使权利的情形,所得的利益归委托人,当然代理过程中出现任何损害也由委托人承担。信息不对称可以分为事前信息不对称和事后信息不对称两种。融资租赁存在一定风险,单就风险管理来说,唯有将对出租人事前的严格筛选、事中的仔细把控、事后的不断追踪默契衔接方可减少风险带来的危害。

(1)在事前阶段,承租企业为了能够获得设备融资,往往会采取隐瞒自己缺点的做法。比如会在企业自身的资产保有、企业内部的组织架构、团队的管理水平、资产的运作能力、企业战略远景、获利水平上进行夸大宣传甚至虚假宣传,利用信息优势以获得融资租赁中出租企业的认同。因为这些企业内部信息只有企业自己才清楚,租赁公司显然是无法得知的,或者是无法全面掌握的。

(2)在事中阶段,即融资租赁合同开始生效之后。承租企业对于租赁物的具体使用,是否准确按照融资租赁合同的约定,对于租赁公司来说难以把握。最重要的是,租赁企业在整个租赁期间是否按照合同约定准时支付租金,这才是融资租赁关系中对于租赁公司来说最大的风险。为降低此种风险,一般租赁公司会要求租赁企业提供一定金额的担保,主要是抵押物担保。

(3)在事后阶段,会存在租赁企业应支付的租金已经严重逾期,长期拖着不支付的情形,租赁公司不得已可能要通过诉讼的方式才能要求租赁企业支付租金;作为担保的资产,也是存在一定风险的,比如担保的财产的公允价值是否足够抵偿租金,担保物是否还处于正常使用状态、是否已经被租赁企业二次抵押的情形等。

二、风险及类别

融资租赁风险主要是指融资租赁业务可能为租赁行为中的双方所带来的不利影响,包括租赁公司和承租人。具体来讲有两个方面的风险:一是来自公司自身的风险,如企业在经营活动中所发生的一系列资金短缺、遭遇重大诉讼赔偿纠纷、重大公关事件,甚至企业经营破产等情形;二是融资租赁项目自身层面的风险,包括项目租赁物严重受损,技术升级导致的贬值,租赁企业违约、逾期等情形。

1. 项目定位风险

项目定位风险是指企业在成立的时候对融资租赁项目的定位,比如融资租赁业务涉及哪些领域,除了对盈利的考量之外,还需要对各个行业的风险进行测量评估。企业在前期完成一些行业尽职调查后再决定在哪些领域开展业务,尽量避开那些潜在风险较大、资金运行时间较长的项目。企业业务蓝图的绘制很重要,可以指导业务员们在寻找业务时应该朝哪些方向去寻找机会,目标明确,企业才能发展。假设通过租赁公司调研发现一些经济实力不是很强大且运作不是很规范的企业,如中小民营企业、小额贷款公司以及一些担保公司,由于其自身实力不足,需要承担很大的风险。

应该尽可能寻找一些有稳定的资金来源、经营稳定的业务对象，比如政府平台、节能环保、医疗教育、航空运输几大业务领域，原因是这几个行业的企业或者机构基本上不存在债务不能偿还的风险，因为不可能存在政府消失走人、医院关门停业、学校跑掉的情形，因此项目的安全性就得到大幅度提高。但是风险依旧存在，这些主体存在拖欠租金的可能，也存在项目违约的可能。

2. 租赁物风险

此类风险是指租赁物自身所带来的风险，如损坏、灭失、质量瑕疵、所有权争议、残值变现以及二手市场能否继续流通等风险。租赁物的上述风险都需要工作人员做出专业的判断，对上述风险发生的概率给定一个详尽的调查和预处理预案。另外，如何保证租赁物不被损毁灭失，也是双方需要充分考虑的问题。还要尽量回避因为租赁物瑕疵而导致租赁企业拒付租金的情况，这些在企业进行融资租赁业务时都要充分考虑到，否则上述任何一种风险一旦出现，不管是对租赁企业还是租赁公司来说都会产生一定的风险成本。

3. 政策风险

政策风险属于宏观风险，是指由于国家或政府对经济发展的侧重点、地区经济发展的主要领域、相关行业的政策变化，在法律上的价值倾向，以及在税收等方面对融资租赁行业的变化所带来的风险。比如对于一个行业，国家前期因为经济发展的需要而大力扶持，现在由于产能饱和却需要抑制等。国家的宏观政策对融资租赁行业的影响十分明显，如果一项租赁物尚未到期，国家宣布提高/降低汇率，那么将对整个行业产生巨大的影响，从而带来风险。

4. 承租人风险

承租人风险是指承租人自身的风险，包括出租人的经营能力下降，企业面临重大赔偿、严重的外债危机等，这些都会给承租企业的信用带来减损。风险防控的关键在于密切关注承租人的财务运行状况。需要对企业过去的主要经营情况进行调查，通过对比承租企业的各项财务数据，评估其偿债能力、运营能力及盈利能力到底是否适合继续支付租金，如果财务状况已经出现危机，租赁公司就不得不及时做出风险处理决定。另外，租赁公司还应该对其他的潜在的经营风险给予关注，例如租赁企业是否还有重大的未决诉讼，企业是否会因为该诉讼面临重大的经济赔偿。承租人所处的行业发展现状也要关注，例如一些可能会违反环保规定和安全生产条件亟待加强的行业，存在的风险就较其他行业大。另外，承租人的客户、员工对企业的评价也需要关注，往往这一类人群的评价更能反映承租人企业内部的真实经营状况，从而有助于租赁公司识别风险。

第三章　我国融资租赁行业的发展

融资租赁于20世纪50年代的美国产生，80年代传入中国，无论是在美国还是在中国，融资租赁的地位都非常高。在经济条件不断完善和业务能力不断提高的情况下，我国融资租赁企业数量和合同余额都在持续不断地增长，拥有融资租赁行业的城市也在不断增加。我国企业融资租赁的发展历程如下。

第一节　发展阶段

一、起步并迅速发展阶段

1981—1988年是我国融资租赁开始阶段，改革开放后我国经济发展对资金的需求极度迫切，国家金融体制改革正式开启。1981年我国第一家融资租赁公司——东方国际租赁有限公司成立，预示着融资租赁行业的正式兴起。作为我国第一家融资租赁公司，它体会到了国家政策的好处，也成为融资租赁行业的领头羊。当时融资租赁业务大多数由地方政府担保，风险较低，有优良的市场环境。随后国内银行开始增加融资租赁业务，使得中国引入更多外资，融资租赁公司如春笋般出现。截至1987年年末，通过融资租赁公司引进外资24亿美元，全国租赁公司24家，国内融资租赁行业得以迅速发展。但是这种照搬的方式让国内企业不再具备独立自主的经济意识，而且国内信用体系不完善，常常出现租金拖欠的情况，这对融资租赁行业产生巨大冲击。虽然融资租赁行业得以快速发展，但是行业也面临发展危机。总体而言，这一时期的租赁行业基本是粗放发展，税收、法律、监管和会计制度都不完善，相关部门多以通知、批复等方式对具体问题进行规定，甚至政府直接为租赁项目提供担保或支付租金，企业缺少思考，这为以后的发展埋下隐患。

二、风险显露并爆发阶段

1989—1998 年，我国融资租赁行业由于国内经济过热、法制建设缺少，在高速发展的同时并无市场秩序，同时亚洲金融危机的冲击导致融资租赁行业投放的租金难以回收，外国商家撤离资金，银行更是收紧信贷，造成了融资租赁行业风险大规模爆发。政府也不再提供担保或支付租金，浑水摸鱼的企业没有了资金来源。信用体系不完善的情况更加严重，许多金融租赁企业拖欠租金，引发资金流动性风险。1993 年至 1998 年，随着改革开放的不断深入，我国开始出现经济过热的现象，国家出台了经济紧缩政策，造成很多国有企业面临财务危机，使得融资租赁企业的大量租金无法回收，这就造成了许多融资租赁公司面临破产，行业经营风险暴露。许多企业开始违约，融资租赁公司将精力放在了追寻债务上面，业务规模遭到破坏，使得好不容易发展起来的市场变得破败不堪。至 1998 年，融资租赁行业面临第二次行业危机，行业整体处于破产边缘。

三、缓慢恢复至全面复苏阶段

1999—2009 年，我国融资租赁开始恢复并且全面复苏。1999 年，国家开始重视融资租赁破败的市场，并且为融资租赁市场出台了多部法律法规，如《中华人民共和国合同法》《企业会计准则第21号——租赁》《企业会计准则——租赁》，这大大规范了我国融资租赁市场，为其提供了相应的业务管理办法，也提供了法律渠道。与此同时，进行融资租赁市场监管，大力整顿行业，令融资租赁市场在重新开放的同时更加规模化和规范化，为市场全面复苏起到了重大作用。2001年，我国加入WTO，推动了经济的发展，为市场提供更好的条件，促进了融资租赁的复苏。2005年，出台《外商投资租赁业管理办法》，从这时起允许外商在我国成立融资租赁公司，扩大了市场，也带来了更多先进的国际化经营理念、经营管理办法和技术。2007年，为了全面复苏融资租赁市场，国家开放国内金融市场，允许商业、银行业参与金融租赁公司经营。在政策支持环境下，金融租赁公司快速发展并全面复苏。

四、飞速扩张阶段

2010—2015年，国家开始注重城镇化发展，需要大量的资金发展城镇化。互联网金融的兴起、大量引进外资、人民币的升值，都刺激了融资租赁行业的扩张。2010年开始，国家先后出台多项监管文件，加强平台信贷管理，平台信贷融资渠道大幅度受限，地方政府经济建设活动面临很大的资金缺口，以售后回租模式为主的融资租赁业务成为地方政府的民用化融资通道之一，市场需求大幅度增加。企业在进行融资时往往更钟爱企业融资租赁，因为它比银行管理层的金融租赁公司低得多，因此，在业务实施过程中，企业背景、信用结构等方面的需求少得多。与此同时，随着互联网金融的不断兴起，融资租赁行业获得了新的资金来源，互联网金融与融资租赁资产相结合，实现业务整合，使得融资租赁开始了新的发展道路，实现了再次扩张。

五、进入业务转型阶段

2016年至今为业务转型阶段。2016年，中央召开会议研究加强金融风险防控。2017年，我国召开金融工作会议，强调金融要回归本源，注重风险防控，金融要加强监管。2017年11月，国务院成立金融监管委员会。2018年4月，中国银行保险监督管理委员会正式成立，拉开“强监管、严监管”的序幕，各项监管政策开始浮现，引导金融市场服务走向实体经济，规范金融市场。从此，融资租赁行业开始业务转型，紧跟国家实施的政策，积极回归融资租赁业务本源。

第二节　我国融资租赁行业发展现状

近年来，融资租赁行业受到宏观经济的影响越来越大。市场经济需求增加，融资租赁企业数量持续增加，但是受金融监管环境更加严肃规范、宏观经济的增长速度开始变缓、行业竞争严重等因素的影响，融资租赁行业企业数量和租赁合同余额的增速均明显放缓甚至开始下降，融资租赁渗透率增长缓慢。从2022年融资租赁企业发展情况来看，融资租赁行业的企业数量下降，甚至很多企业倒闭，同时融资租赁资产规模增长下降，融资成本却上升，使得融资租赁行业的盈利水平呈下降趋势。并且因为受新型冠状病毒肺类疫情的影响，融资租赁行业遭到了巨大的冲击，从“香饽饽”变成了“烫手山芋”，许多融资租赁公司开始抛售。但是，因为有国家政策的扶持，融资租赁在遭遇冲击后迅速得到恢复，融资租赁行业比2021年更加完善，市场政策更加完善，融资规模更大。2019年，融资租赁监管体制开始调整和移交，不知是否因为受调整相关政策和宏观经济增长上行压力增大的影响，融资租赁企业数量、融资租赁合同余额只在个别时间和地区有少量增加，而整个行业发展总体处于调整状态。2022 年，我国融资租赁企业已经增长到 12 159 家。我国融资租赁行业市场规模也在持续增大，但是随着融资租赁业务总量基数增加和行业监管政策的趋严，增速处于下降趋势。2020 年融资租赁行业因为受疫情影响，融资租赁合同余额降至 65 040 亿元，2021 年降至 62 100 亿元。

一、2021 年融资租赁企业数量

2012—2021 年，我国融资租赁企业数量逐年增长（图 3-1）。2018 年开始，行业的监管政策发生变化，监管持续收紧，中央开始统一规则，并由地方实施监管，按照“谁审批、谁监管、谁担责”的原则，地方监管更加严格，市场监管严格使得行业扩张增速下降。我国融资租赁行业市场规模虽然呈增大状态，但是 2020 年增速只有 0.21%，2021 年只比 2020 年增长三家融资租赁企业。国家出台的政策和“新冠疫情”影响着融资租赁行业的市场情况，2021 年我国融资租赁的企业数量有 11 917 家，多家企业关闭。

二、2021 年融资租赁合同余额规模

2021 年，我国融资租赁业继续处于调整状态，和 2020 年相比，企业数量和注册资金整体减少，业务总量继续下降，到第四季度开始呈现企稳回升态势。截至 2021 年年底，全国融资租赁合同余额约为 62 100 亿元人民币，比 2020 年年底的 65 040 亿元减少约 2 940 亿元，下降 4.52%。其中 2021 年金融租赁约 25 090 亿元，比 2020 年底增加 60 亿元，增长 0.02%；金融租赁业务总量占全国租赁业务总量的 40.4%，比 2020 年底的 39.8%上升了 0.6 个百分点（图 3-2）。

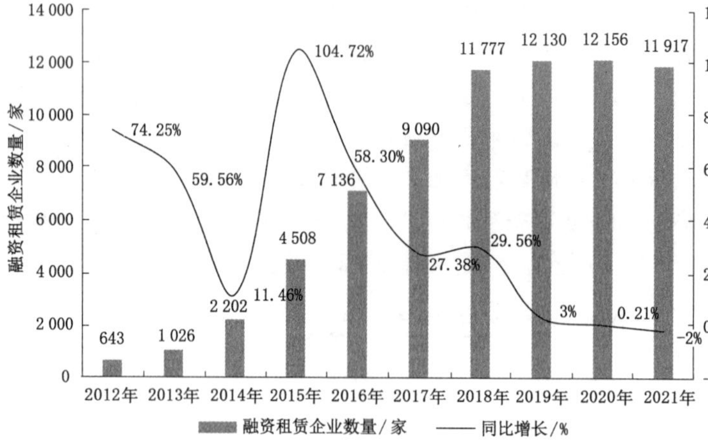

图 3-1　2012—2021 年我国融资租赁企业数量变化情况

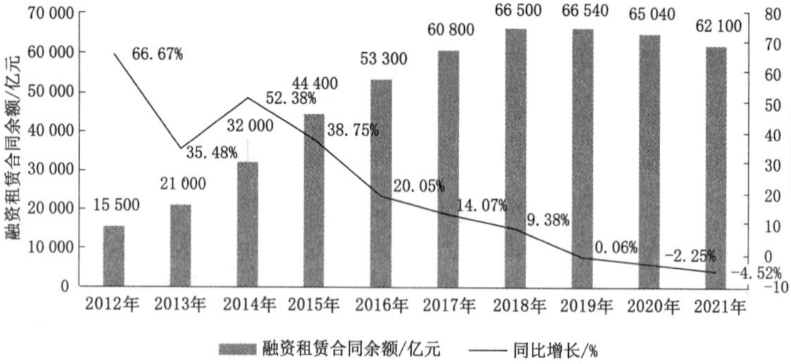

图 3-2　2012—2021 年我国融资租赁合同余额变化情况

三、2021 年融资租赁企业排名

近些年融资租赁企业呈现爆发式增长，并且除了四大自贸区支持融资租赁行业发展外，各省市都成立了自贸区或者科技园区试点,业界呈现一片繁荣景象。而实际上,繁荣的背后是一片空巷,很多融资租赁企业并没有真正地开展业务,没有找到合适的业务去经营,导致很多融资租赁开放试点被关闭或者是严格限制审批名额。我国真正把融资租赁发展起来的城市少之又少,截至2021年,我国融资租赁市场发展起来的只有广东省、上海市和天津市。北京市融资租赁企业只有300多家,广东省、上海市和天津市分别有4 278家、2 222家、2 069家,也是我国仅有的融资租赁企业超过2 000家的3个省或直辖市。我国融资租赁企业竞争激烈,全国融资租赁企业地区分布极不均匀(图3-3)。

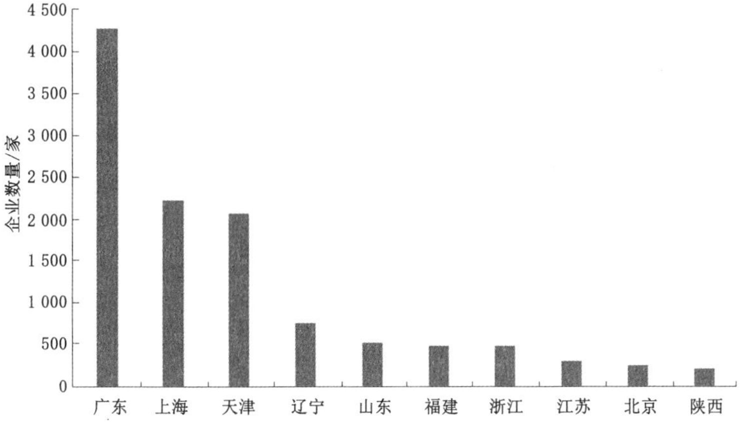

图3-3 2021年我国主要省市融资租赁企业数量

四、融资租赁市场渗透率

融资租赁市场渗透率是指融资租赁交易总额占固定投资总额的比例。融资租赁市场渗透率能够体现融资租赁市场情况。从2012年到2021年,我国融资租赁市场渗透率提高了10%左右,融资租赁合同余额也从15 500亿元增加到62 100亿元,融资租赁市场渗透率从4.10%增长到14.60%，表明融资租赁行业对固定资产投资的渗透不断增强，融资租赁行业的市场规模在不断扩大。2019年以前，我国融资租赁的市场渗透率没有超过10%，我国的市场渗透率远低于发达国家，我国融资租赁发展还处于起步阶段，直至2021年才增长至14.60%。发达国家融资租赁行业的市场渗透率为15%～30%，美国融资租赁市场渗透率已经达到了35%左右，远高于我国。

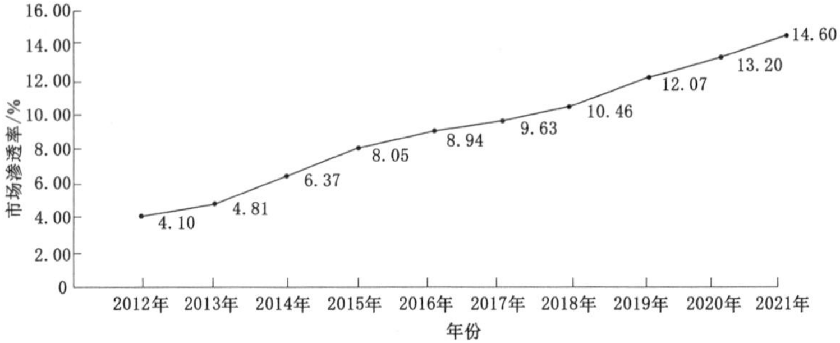

图3-4　2012—2021年我国融资租赁行业市场渗透率变化情况

第四章　我国融资租赁行业创新发展方向

第一节　我国融资租赁行业创新发展趋势

一、加快创建服务中心

单一的金融租赁公司在波动的市场环境中起着很弱的作用，经常受到风险的影响。要弱化单一的市场缺点，使其符合公司的市场需要，就必须将行业内部的市场力量整合起来。从目前的情况来看，构建地区"企业融资租赁服务中心"是很不错的方法，主要内容应包括三个方面：首先，实现资源的合理分配。调剂资本、调配融资租赁设备、提升企业专业技术人才水平、开展企业业务顾问服务、提高融资人员总体素质。其次，各个行业的租赁公司强化协作，特别是个人公司，会面对资本面偏紧、设备不全等困难。租赁公司可以相互配合，在业内相互影响。最后，强化信息交流能力，对融资租赁业务过程进行系统的规范，以提高租赁公司业务能力和服务水平、满足市场需要、共享优质资源、整合地区力量，实现人员、资金、物资等共享。

二、推动融资租赁业务创新

随着市场的不断发展，市场竞争是非常激烈的，只有不断地创新融资租赁公司的运营方式，才能不断推动企业发展。传统融资租赁已经不适应现在的发展方向，需要推出新的发展方向。融资租赁行业开始运用“互联网＋”，这有利于了解详细的信息，使租赁双方的需求相匹配。同时，有利于开发新的产业化发展模式，加快资金的融通，提高资金的使用效率。所以需要不断创新发展、积极推动“融资＋保险”“融资＋投资”“融资＋担保”等惠及民众的金融服务模式，以多种形式探求一批贴合企业需求的创新产业。支持融资租赁行业开展租赁专利权、著作权、商标权等多种无形资产的融资租赁业务，更好地发挥融资租赁服务。

三、扩展融资渠道

融资租赁的渠道大多数比较传统，因此需要拓宽企业融资渠道，让其更好地发展租赁服务实体经济作用。应支持租赁公司拓展绿色渠道，积极开展绿色租赁业务和大型设备融资租赁业务，如鼓励融资租赁企业通过境外发债、境外借款、资产证券化等方式拓宽融资渠道，租赁大型设备，探索新型融资渠道为企业带来新的发展方向。企业可以通过互联网发布有关融资租赁的信息，使企业之间的信息交流更加迅速，从而提高融资租赁的市场效率。

四、融资租赁发展因地制宜

推动融资租赁行业的发展需要，应根据企业能力、企业地位和政府政策因地制宜地实施。如将企业融资租赁立足本地，聚焦实体经济，找准市场定位，优化商业模式，创造融资租赁渠道的有利条件；或者根据各地资源，利用地方资管公司、融资租赁公司、商业保理公司等进行创新策略，逐步完善相关配套措施，提高地方金融监管效能。

第二节　我国融资租赁行业前景

一、发展新兴领域

航空运输、基础建设、医疗、新能源等领域预期成为融资租赁重要渗透领域。从国家政策、行业发展趋势等方面分析发现，航空运输、基础建设、医疗、新能源等领域在未来的发展过程中预期保持较快速度增长，因为这些领域的设备、交通工具价格昂贵，融资租赁是较为合适的方式，在这些领域的渗透率有望继续升高。

（1）航空运输

根据国家统计局数据，2011—2020 年中国民用航空航线逐年增加，飞机数量也随之增加，即便是受到疫情影响的 2020 年，飞机航线和数量依然保持正增长，说明中国的航空发展动力依然强大。随着疫情褪去，中国航空运输业预期将恢复发展动力，对于飞机租赁需求将保持增长。

（2）基础建设

国家发改委 2022 年 2 月 5 日表示，适度超前开展基础设施投资并推进新型基础设施建设，基建相关设备需求预期增长，融资租赁行业或将受益。

（3）医疗

中国医疗需求保持增长，医疗器械行业近年来呈现快速发展趋势，但是医疗设备租赁尚处于起步阶段。随着公众对医疗服务的需求层次不断提升，高端医疗设备租赁业务逐渐升温。

（4）新能源

中国风电和光伏发电市场的快速发展使风电和光伏发电项目成为租赁融资渗透的重要领域。对于融资租赁来说，光伏市场和风电市场所带动下的新能源产业无疑是下一个“蓝海”。

二、与其他金融服务融合

通过融资租赁和信托服务的融合，形成了一个融资租赁的信托服务。融资租赁行业按照该行业特点进行创新，将不同金融服务的优势整合到不同金融服务中，形成新的融资租赁产品，这为以后行业间的混合经营打下基础，壮大融资租赁市场。“供给侧改革”“一带一路”“走出去”等国家重大战略的实施，为融资租赁带来更大的市场，走出国门为融资租赁行业提供发展机遇。与其他国家的金融业务相融合，取其精华，去其糟粕。“一带一路”倡议实施过程中，融资租赁企业应积极开拓国际市场，走出国门跨境发展，发现发展机遇，培育跨国租赁企业集团。

三、向财政租赁及公益类投资倾斜

我国已经实现第一个100年的奋斗目标，即全面建成小康社会，现在我国更注重公益类发展，融资租赁企业应该注意向公益类投资倾斜，国家也需要注重公益类政策的实施。在发展公益类融资租赁的时候，为实现新的百年奋斗目标，我国企业融资租赁的发展也需要注重财政租赁。我国向来讲究市场口碑，这使融资租赁公司既避开了现阶段行业竞争激烈，又能获得稳定收益，故而对于融资租赁行业来说是一个非常好的选择。因此，金融租赁行业近年来创新的主要方向是金融租赁和公益租赁。

第五章　互联网汽车行业融资租赁探讨

第一节　互联网汽车融资租赁的概念

一、互联网的来源

从功能源头来看，互联网称得上世界上首个全球性论坛，人们可以在互联网上进行信息交流，资源共享，做一些与日常生活息息相关的事情，如看视频、听音乐、购物与消费。

从作用源头来看，互联网是历史上首次出现的一个世界性图书馆，人们在有需要时可以直接在其计算机终端上查询、调用、获取其所需资料与信息。当科技越来越发达时，随之便会出现越来越多的先进智能设备，随时随地都可以上网冲浪，当今世界早已是互联网联通的世界。

在互联网高速发展的大背景下，互联网汽车融资租赁应时而生，顺应了时代的发展。回顾我国汽车发展史，互联网融资租赁在我国诞生时间虽然短，但是早已在我国经济发展市场中占据重要地位。因此，互联网的作用更凸显，在汽车租赁融资中早已扮演着至关重要的角色。

二、互联网汽车融资租赁的概念

目前，国际和国内对于互联网汽车融资租赁没有确切的定义，不管是理论研究，还是实践研究，都是如此。本书从我国汽车融资租赁的发展历史开始，到针对具体行业先行者的研究，再到本行业的现状、问题的处理及对策的提出。本书的研究重点是狭义上的互联网融资租赁，其含义为：通过互联网企业依托发展的汽车融资租赁，将互联网企业与汽车融资租赁密切结合起来，实现出租人拥有所有权、承租人拥有使用权，二权分离。

第二节　互联网汽车融资租赁的特点

一、支付方式便捷

当今世界经济社会发展越来越迅速，与此同时货币电子化发展突飞猛进，尤其在“互联网＋”的背景下，支付方式出现第三方支付平台，其迅速被使用并在人们的生活中广泛传播开来。与传统的第三方支付机构有所不同，互联网是第三方支付平台的支撑点，各种新兴移动终端是第三方支付平台的助力点，日新月异的互联网技术是第三方支付平台的依托点，第三方支付平台直接为小微客户提供专业的端口。与传统的支付方式（直接现金当面交易）有所不同，第三方支付是用电子化货币在线上支付，更加便于客户使用，并且在时间、空间上有更多自由。尤其是现在，支付热门方式——微信、支付宝、财付通、云闪付等，在经济活动中占比逐渐增大。这些方式再联合各种金融交易方式，如 B2B、C2C、B2C 等共同进行，形成了一个完整、全面、成熟的第三方支付系统。

在我们日常的互联网汽车融资租赁活动中，支付是一个必不可少的至关重要的环节。第三方支付平台完全区别于传统的现金交易，其借助于“互联网＋”这一新兴支付模式，电子货币为主要支付形式，金融方面的服务直接借助互联网为企业提供，节省了一定时间，提高了工作效率，也方便了客户的使用。从量的积累到质的突破，让小、中、大各类企业遇到融资问题时能够妥善处理。

二、适应性强

“以租代购”是互联网汽车融资租赁的特点之一，其含义是：在租赁合同生效期间，承租方拥有汽车的使用权，不拥有所有权。综观当今我国现实情况，我国汽车消费市场的中坚力量是“80后、90后”年轻人。因此互联网汽车融资租赁正好适应了当代年轻人的用车需要。因为，一方面，他们接受了国外消费文化的熏陶和影响，使得他们的消费观念与上一辈人大不相同。他们对汽车的需求出现了多元化、个性化的特点。因此在汽车使用权和所有权的选择中，他们受上述因素影响时，通常对汽车的使用权需求比所用权更高。尤其在他们这个年纪，当所拥有的资金相对较低时，选择互联网融资租赁，“以租代购”是较佳的购车方式。另一方面，在如今这个互联网高速发展的时代，国外融资租赁相对成熟，而国内也正在兴起这股热潮，作为新时代新青年的代表们，他们对于这种新型购车方式，更加能够接受并采用。

因此，适应性强，适应当代年轻人购车的需求，适应市场的发展需求，正是互联网汽车融资租赁的一个典型特点。

三、产权关系明确

产权关系是每项经济业务必须得到明确的内容，而互联网汽车融资租赁的产权关系十分明确。其中，所有权与使用权是分离的，所有权归出租人，而使用权归承租人。因为，出租人出租租赁物给承租人，需要根据承租人对购买的租赁物和供货人的选择，而提供合适的租赁物和供货方，当合同期满时，通常情况下，承租人将取得租赁物的所有权。

按通俗的说法，承租方就是通过“以租代购”的方式购得自己心仪的租物，以超级低的首付(甚至0首付)去按揭一辆汽车，按照合同规定每月按时支付租金，获得汽车的使用权，当达到约定的租赁时期后，车辆户头由公司过户给承租人。

第三节　我国互联网汽车融资租赁发展现状

一、我国互联网汽车融资租赁发展历程

(一) 20世纪80年代兴起

20世纪80年代是汽车融资租赁在我国刚开始兴起的时间。当时，汽车市场相当狭小，仅对少数政府部门开放汽车使用权。相比较而言，企业的自由度低一些，因为当时企业在汽车的使用上是被限制的。所以，融资租赁刚进入国内时，所涉及范围很小。虽然当时国家政策对待进口汽车是允许的态度，但是做进口业务的企业只有十余家。最重要的是，在这十余家企业中有两家就是做汽车融资租赁的，市场占有率约为20%，汽车融资租赁的业务在我国兴起。

(二) 20世纪90年代后被政策叫停

我国互联网汽车融资租赁发展历程并非一帆风顺，到了20世纪90年代，因为企业想规避限制，所以部分租赁便通过融资租赁来规避政策制约，销售汽车，解决汽车受限问题，获取利润。

1985 年，政府采取相关政策以禁止令来防止该问题的扩大，因此国内的融资租赁业务被迫暂停，至此该行业进入寒冰期。为了进一步规范企业行为，1997 年政府出台了《关于不得以融资租赁方式变相销售购买小汽车的通知》，融资租赁业务直接被叫停。

（三）2008 年正式合法化

汽车融资租赁复苏从 2005 年开始，在政策上得到了一定程度的放松。那时被允许的“融资租赁包括汽车”这一内容出台于《外商投资租赁业管理办法》中。随后我国开始进行一批国内融资租赁试点，各行业均有涉及，其中包括两家融资租赁公司，进一步证明政策的开放化。

2008 年《汽车金融公司管理办法》出台，这意味着汽车融资租赁业正式合法化。《汽车金融公司管理办法》中提到了在汽车金融公司的经营范围内新增了汽车融资租赁业务（售后回租业务除外），这一明确规定使得汽车租赁市场的前景逐渐明朗起来。

二、我国互联网汽车融资租赁发展现状

（一）我国汽车融资租赁市场规模扩大

从市场规模来看，2021 年我国汽车金融市场规模达到 2.4 万亿元。未来，在汽车消费仍为推动经济增长的重要组成部分的大背景下，汽车金融有望继续稳定发展。预计 2026 年我国汽车融资租赁金融市场规模可达到 5.4 万亿元。

2012 年到 2018 年的数据表明我国汽车融资租赁市场规模逐年扩大。2012 年我国汽车租赁行业市场规模仅为 248 亿元，之后呈现逐年增长态势。2016 年我国汽车租赁行业市场规模突破 500 亿元。2017 年，我国汽车租赁行业市场规模扩大至 679 亿元，同比增长 32.6％。2018 年年底，我国汽车租赁行业市场规模超过 800 亿元，达到了 802 亿元，同比增长 18.1％。截至 2022 年年末，

全国25家汽车金融公司资产规模达到9 891.95亿元，总体保持稳定；零售贷款余额为7 852.58亿元，同比下降3.51%；库存批发贷款余额为1 126.9亿元，同比上升8.73%；融资租赁余额为61.5亿元，增幅为29.45%。

（二）我国互联网汽车融资租赁参与主体结构类型

目前我国汽车融资租赁市场格局宽广，融资租赁企业类别多样，并且代表企业有很多，见表5-1。

表5-1　我国汽车融资租赁市场格局

融资租赁企业类别	代表企业
银行系	工商银行金融租赁、民生银行金融租赁、交通银行金融租赁等
经销商系	庞大乐业融资租赁、上海永达融资租赁、广汇汽车租赁等
厂商系	丰田租赁、一汽金融、上汽通用租赁、德银融资租赁、先锋国际融资租赁、奔驰租赁、东风日产易租车等
互联网系	弹个车、毛豆新车、花生好车、易鑫车贷、神州买买车、优信一成购等
独立的第三方公司	先锋太盟租赁、建源资本、狮桥租赁、易汇资本、友成融资、梦享车等

（三）汽车融资租赁行业的资本环境

BATJ作为中国互联网领域的四大巨头，其投资方向具有风向标作用。BATJ近年来都在进行各自的汽车金融布局，在互联网巨头们的汽车金融布局中，汽车融资租赁作为汽车金融领域的“蓝海”被广泛关注。易鑫获得了百度、腾讯和京东等资本的多轮融资，融资总额达15亿美元，并且于2017年在香港上市；弹个车获阿里两轮领投，金额达9.1亿美元；优信获得百度和腾讯约2亿美元的投资；花生好车和美利车金融分别获得京东 2.7 亿美元和 1 亿美元注资；专注于商用车融资租赁的狮桥租赁获得京东 10 亿元人民币的投资。

三、我国互联网汽车融资租赁业务模式

（一）直接租赁

融资租赁有许多交易形式，其中直接租赁属于最简单的形式。直接租赁的含义：双方分别为出租人与承租人，双方关系为融资租赁关系。具体操作：当租赁人有需要的租赁物与有意向的供货方时，首先向出租人提出，由出租人出面解决租赁物和供货方问题。然后双方签订融资租赁合同，承租人取得租赁物的使用权，并且向出租人缴纳租赁费用。

例如，蔡先生在所居住城市工作多年，考虑日常所需而购进一辆汽车。他看中一台价值 20 万元的汽车，但考虑自身经济情况，并不能全款买下。如果他选择汽车消费贷款，则需交 30% 的首付，也可以选择首付更低的汽车融资租赁。

在经过一番考虑之后，他果断选择了融资租赁方式购买心仪的汽车，原因如下：

第一，便利性强。选择汽车融资租赁后，由于汽车所有权归融资租赁公司，所以蔡先生与融资租赁公司签订的合同中包含了裸车价、购置税、上牌费、保险费等，减少了蔡先生自己办手续的麻烦。

第二，资金要求相对较低。在汽车融资租赁过程中，蔡先生首先需缴纳 5 万元作为汽车首付款。然后按照合同按月支付租金，期间汽车所有权归蔡先生使用，等到合同期满，蔡先生可以从融资租赁公司手中转接到汽车的所有权。因此蔡先生选择了汽车融资租赁，既解决了购车需求，又减轻其经济压力。

（二）售后回租

租赁业务中有一种极其特殊的交易方式，那就是售后回租，其特殊之处：卖方又是承租人，买方又是出租人，就是指卖方将自有物产卖出后又将其从买方租回，即卖方又成为了承租人，买方又成了出租人。人们将全过程称为售后回租，简称回租。

例如，蔡先生两年前就开始自主创业，开了一家小型公司。近两年公司效益都不错，最近一段时间公司接到了一个大单，需要购买大量的原材料，而根据公司目前的经济状况，没有足够的流动资金，又因为额度问题无法向银行贷款。在蔡先生两难时，他想到了自有固定资产——前一年全款购买的一辆汽车，于是他想出售此车以换取流动资金。但是他又因为业务平时有用车需求，这让他陷入两难。经车行朋友介绍，蔡先生了解到在汽车租赁业务中的一种特殊业务——他可以与融资租赁公司签订买卖合同，将汽车先出售给租赁公司获得所需流动资金，再与租赁公司签订租赁合同，分期支付相应租金，从而可继续获得汽车的使用权，当蔡先生按时交纳租金时，在租赁期结束后，蔡先生又可以获得汽车的所有权。

（三）直接租赁与售后回租对比

1. 目的对比

直接租赁，其承租人是在没有汽车的情况下去租用汽车，目的是获得汽车的使用权，以满足生活和生产所需。

售后回租，其承租人原本已经拥有了汽车，只是因为需要资金，为了融资，从而将所拥有的汽车出售再回租，既达到融资目的，又拥有汽车的使用权。

2. 结构对比

直接租赁：整个组成结构由三方组成——承租人、出租人、供货人，根据承租人所选择的供货人，出租人提供资金。其中包含两个合同，一个是《融资租赁合同》，另一个是《供货合同》。

售后回租：相对方只有两个，出租方与承租方，承租方又是供货人。《购买合同》和《融资租赁合同》组合成《售后回租合同》。

四、我国互联网汽车融资租赁的风险

（一）信用审批环节风险管理

若承租人用虚假个人信息和经济状况，其提供的票据都是造假的、伪造的，或者恶意串通供货商，向出租方提供一台与实际价格不符的汽车，造成出租方亏损。这些情况都会使融资租赁公司遭受经济损失。因此为了降低损失，应在信用审批环节进行风险管理，租赁公司应该组织相应审核小组，对承租人的个人信息、家庭情况、经济情况、信誉程度进行调查，并且对供货商也要进行一定的审查。当然，如果仍然发现承租人用虚假信息进行诈骗，应当立即报警，及时处理，力求将损失降到最低。

（二）放款审核环节风险管理

现阶段我国汽车融资租赁正处于初期发展阶段，因此在具体的操作上没有一个完整的流程，并未形成一个统一的行业标准，致使在执行业务时没有统一的标准，操作过程过于复杂，操作风险也十分明显。对于企业来讲，任何环节中的一个失误都会对企业造成重大损失。在这样的情况下，汽车融资租赁公司更应该完善操作规范，明确租赁各个环节的相应职责，使各个环节相互监督，互相制约。

（三）贷后监管环节风险管理

当承租人与租赁公司签订租赁合同后，承租人取得车辆所有权，但是在现实生活中，出租车辆有被承租人拿去非法处理的可能，例如抵押或质押，有时候甚至会有可能被再次出售，这是因承租人非法处理车辆给出租人带来的风险。另外，车辆在外行驶时有可能会发生车祸，涉及民事责任甚至刑事责任，因此出租人面临车辆会被处罚，或者扣留，甚至查封的风险。为了减少类似风险事件的发生，在贷后监管环节，融资租赁公司应该加强对车辆后续问题的监督与管理。首先，在签订合同时，明确标明日后如若出现上述问题时的处理方式，让承租人在取得使用权后对车辆负责，减少相应风险事件的发生。其次，后续要密切关注车辆的使用情况和行驶情况，要对承租人的驾驶资质进行审查。

第四节　我国互联网汽车融资租赁先行者——弹个车案例分析

一、弹个车简介

2016年11月15日弹个车正式被大搜车以汽车融资租赁的一种汽车新零售平台形式推出，其宣传口号为“一成首付，先租后买”，这也是弹性购车金融服务方案。弹个车所依赖的条件是目前国内汽车融资租赁需求和大搜车平台自身的成熟性。弹个车这一互联网汽车直接租赁服务平台，即阿里巴巴＋蚂蚁金服＋大搜车形成了联合推出的汽车新零售平台。

弹个车的主要销售渠道是传统线下渠道与新兴线上渠道的结合，其中弹个车六成左右的业务是由线下渠道完成的，而线上渠道直接依靠大搜车的SaaS平台。市场上大搜车开发的SaaS软件“大风车”已经相当成熟，超过九成的大中型二手车车商都在使用该软件，弹个车App直接对接消费者，实现线上一站式服务，在方便顾客的同时也方便企业，提高企业的经营效率，减少中间成本。

二、弹个车业务模式

弹个车宣传口号是“信用购车，先买后用”。

弹个车是中国市场“一成首付”的开创者，所以拔得汽车融资租赁市场头筹。再从本质上讲，弹个车是当前汽车行业中比较主流的汽车租赁、分期购车、二手车置换三种模式的组合创新者。

弹个车业务模式主要有以下四大特点：

(1) 10%超低首付。买车首付只要10%～20%，含购置税，同时赠送一年的车险。

(2) 满一年可买可退。用车满一年之后，续用、购买、退还三种方式任意选择。

(3) 超弹四年分期。采用“1＋3”模式，首年采用租赁模式，满1年后可以选择1次性付清尾款或者3年分期。

(4) 15分钟超快审批。通过支付宝扫码申请，15分钟审批，全程代办，坐等提车。

三、弹个车平台化运营

弹个车的平台化运营是集中处理、高效便捷的模式，通过平台化运营，会对融资租赁中遇到的风险进行控制，将各类数据征信服务商接入该平台。其中的集中采购，是将汽车主机厂商对接到平台上，在面临资金问题时还会进行业务的承接，将各类金融租赁公司、融资租赁公司对接到该平台，各类数据征信服务商接入该平台。

通过平台化运营，弹个车将各种平台化都包含其中，例如车辆采购平台化、融资租赁业务平台化、数据风控平台化、资金接入平台化，把汽车租赁的全产业链整合于平台之中。

平台化运作使弹个车各方面能力均有所提升，例如风控能力、二手车辆处置能力等。首先，在风险管控能力方面，整个平台不仅依靠自有力量，还依托多方协作，例如央行征信、蚂蚁金服以及网商银行车秒贷模型等，使得风险控制能力得到提升，在资质审核和风险管控体系方面有了保障。在处置能力方面，弹个车拥有一批高质量的二手车车商，是在 SaaS 平台上获取的。在租赁期满后，消费者选择退租时，其高效车辆处置能力将得以展现，使用户十分满意与放心。

四、弹个车存在的问题

（一）产品定价偏高

弹个车产品定价偏高会直接影响消费者是否选择使用弹个车。弹个车定价高的原因：作为互联网汽车融资租赁企业中的初创者，在市场各类资源短缺、渠道不多的情况下，前期弹个车需要自己进行渠道的建设、运营的管理、市场的推广及线下门店的建设等，所投入的资金较多，为保证企业的正常运转，定价自然偏高。

在融资租赁利差方面弹个车远高于银行信贷，因为从弹个车的盈利模式可知弹个车的利率高达 25%，与美国汽车租赁产品的利率相比，在同一还款周期下，美国利率仅为 10%，因此明显看出弹个车的利率偏高。

至此，产品定价和利率都偏高的弹个车，会导致一部分顾客望而却步，流失顾客群体，影响顾客的体验感。

（二）融资租赁市场接受度不高

汽车融资租赁的市场，大众接受度不高，大众对于这种以租代购、所有权与使用权分离的用车模式相对陌生。虽然现在人们的生活水平不断提高，对汽车交通工具的属性越来越看重，但是规模还是不够大，因此弹个车作为互联网汽车直接租赁的代表，现阶段发展会存在较多阻碍，短时间内较难有突破性的发展。

另外，弹个车对消费者选择退租方案也不是完全支持的。虽然在 SaaS 平台上，为弹个车链接了近九成以上的二手车商，但是现阶段对二手车辆处置仍然是一大难题，因为目前国内二手车市场定价方式落后，评估标准未统一，整个二手车行业发展尚不完善。基于此，在天猫旗舰店上，弹个车是不支持退租方案的，使消费者产生一种错觉——融资租赁与消费信贷无异，从而对其接受程度也就不高。

（三）市场定位影响未来发展

市场定位是企业未来发展的方向标，而弹个车的市场定位对其未来发展形成了约束。在弹个车刚开始成立时就将市场定位到三四五线城市的客户群体上，原因是：发达的一二线城市在牌照、过户等方面的限制，使其业务开展及其不便。当然，也正是因为这个市场定位，逐渐发现所定位的客户群体普遍存在征信困难或者是缺失，经济上当地的收入水平不高等问题，使得弹个车面临较高的违约风险，因此弹个车的经营成本居高不下，所以很难有资金去拓展高端市场，这便会进入不良循环，发展不好当下市场，又拓展不了高端市场。因此市场的定位对未来发展产生限制。

第五节　我国互联网汽车融资租赁发展中存在的问题及对策

一、我国互联网汽车融资租赁发展中存在的问题

（一）市场认可度不高

现在互联网汽车融资租赁市场不够成熟，认可度也不高，其发展受到了严重影响，主要原因如下：

(1) 对融资租赁方式认可度不高。

对融资租赁方式认可度不高的原因:如今在互联网融资租赁模式下二权分离,即所有权与使用权分离,合同期间,承租人即消费者只能获得汽车使用权,无所有权,在长久的消费观念中,这种模式很难被认同与接受,并且在市场宣传中也未得到广泛传播,因此,大众对互联网汽车融资租赁的认识较浅,也较陌生。

(2) 市场上互联网汽车融资租赁产品的定价偏高。

市场上互联网汽车融资租赁的产品定价偏高,其原因:① 当前互联网汽车融资租赁的渠道十分有限,以银行信贷为主,银行的利息高,使得企业的融资成本偏高。② 作为市场的新进力量,想要在市场上迅速立足,占领大的市场份额,必须进行大量的营销投入,成本必定高。

另外还有两种说法:

① 据调查显示,当前市场上的互联网汽车融资租赁的购车费率大多数在20%以上,如此高的购车费率,在与汽车消费信贷相比较时缺少了价格竞争优势。

② 不仅融资租赁公司有权选择承租人,承租人也有权自由选择是否进行汽车融资租赁和选择哪一家汽车融资租赁公司。当承租人进行反选时,如果汽车融资租赁定价过高,承租人中高信誉度的会宁可选择汽车信贷消费,而选择融资租赁的可能是低信誉的消费者,又会导致前面所述的信誉审批风险性问题,产生融资风险,造成不良后果,容易形成“低信用→高费率→低信用”的恶性循环。这便是目前当汽车融资租赁价格定位过高时会造成大众对其接受度不高的原因。

(3) 融资租赁合同内设置的条款较多。

当消费者遇到的合同内容又多又烦琐且规定过细时,可能会产生一种厌烦心理。汽车融资租赁现在处于发展的初级阶段,融资租赁公司为了确保自己的利益不受损害,例如,面对贷后风险时，他们会将各种未来可能遇见的问题详细写入合同，以保障自身利益。这对于消费者似乎不是很有利，便会使他们不会轻易接受融资租赁方式，大多数抱观望态度。

（二）新车与二手车市场关联度低

在互联网汽车融资租赁模式下，当租赁期满时，承租人有权取得汽车所有权，但是也会有承租人选择退租，联系整个互联网汽车融资租赁行业的发展完整性，此时退租二手汽车，是整个公司业务中的重要组成部分。因此二手车与新车紧密联系，才能使互联网汽车融资租赁成为一个完整的产业链，但是就目前情况来看，新车与二手车市场关联度较低，主要原因有以下三个。

（1）二手车信息不透明。

① 二手车本身就蕴含着许多隐藏信息，因此需要注意的内容更多。二手车信息不透明，会造成二手车信息易被恶意修改、谎报或者隐瞒。

② 缺少权威机构的认证，使得验证二手车信息存在困难。

③ 在鉴定环节缺少统一的标准，对于整个车辆历史记录，如车辆合法性，事故记录的真实性、完整性，都无法确切地去考察，最后更缺乏一个顺畅的、完整的二手车交易信息的网络系统，使二手车信息更闭塞。

因此，这些原因造成整个二手车市场信息不透明，从而影响二手车市场秩序的建立。

（2）残值评估不准确。

当新车成为二手车，通常需对其残值进行评估，并且重新定价，但是就目前来看国内缺少专业的、完整的、科学的二手车残值评估系统，其方法和标准都没有统一，当二手车剩余价值预测偏差大时，会对车辆后续的处理产生重大影响。

（3）二手车流通不顺畅。

虽然早已有全面取消二手车限迁政策，但是全国各地因地方自身情况不同，对此政策的执行情况也不相同。因此，环保标准限制二手车的迁入，仍然是许多省市的现行政策，使二手车流通十分困难。

（三）风控能力不足

汽车融资租赁公司风险控制能力较差，是社会信用体系和风险控制体系不够成熟与完善造成的，外加公司内控机制不完善，也会导致公司的运营风险增加。在当前的市场融资租赁模式中普遍又以直接租赁为主，其风险的承担者主要是出租人，即融资租赁公司，其面临的风险多种多样，例如经营性风险、金融风险、信用风险等。

融资租赁公司为何对信誉体系那么难把握？主要是因为在整个征信系统中，汽车融资租赁公司并未被商务部允许纳入央行系统，因此在央行的征信系统中查不到任何关于汽车融资租赁的个人和企业的征信资料，导致融资租赁公司对信誉体系束手无措，在金融控制方面，给金融公司带来了巨大的挑战和风险。

（四）存在法律监管漏洞

1. 从征信管理条例来看

关于征信方面的法律条例国内很少，而且关于个人信息保护的法律条例基本上处于缺失状态，使得消费者的个人信息受到威胁，并且具体的征信条例也就只有《个人信用信息基础数据管理暂行办法》和《征信业管理条例》，导致互联网汽车在征信体系建设方面困难重重，融资租赁缺乏法律的保护，使互联网汽车融资租赁的发展受到阻碍。

2. 从二手车相关法律来看

现今的二手车市场发展迅速，但是相应的法律法规跟不上，使得二手车市场逐渐出现一些新的问题却难以解决。现行的《二手车流通管理办法》和《二手车交易规范》不能适应市场发展的需要，需要及时更新填充，否则二手车的流通与交易会严重受阻。

二、我国互联网汽车融资租赁发展对策

（一）提高市场认可度

市场认可度是促进一个行业快速发展的前提条件，因此，互联网汽车融资租赁首先应该提高其在行业中的市场认可度。

首先，要加大宣传力度，尤其是互联网汽车融资租赁这种普及率不是很高的行业，更要利用各种资源在各个平台上进行宣传，利用各种机会进行推广，提高大众对其的认识度，提高普及率。然后，在宣传互联网汽车融资租赁概念的同时普及二权分离的含义，即所有权和使用权分离，让大众清楚认识到其与一般信贷的区别，以便使大众熟悉互联网融资租赁，这样更易提高市场占有率。

（二）增大新车与二手车市场关联度

一个完整的发展体系对互联网融资租赁的发展起着至关重要的作用，尤其是其中的新车与二手车的关联度，在关联度低的情况下应增大关联度，健全二手车市场以及完善其残值评估体系。首先，建立一个畅通的二手车流通信息平台，对二手车的各类信息进行严格筛选，保证每辆二手车信息的真实性与准确性，从而建立一个有权威性、专业性的二手车辆信息鉴定机构。其次，在二手车的残值评估方面，要以市场为导向，参考具有相关经验的国家的案例，建立一个科学的、合理的、统一的二手车辆评估标准，并且培养相关鉴定人才，鼓励建设第三方评估机构，使二手车残值评估体系能够快速发展起来，从而推动二手车市场的发展。

若想建立一个完善、正规的二手车市场，若仅靠一家或少数几家企业，其成本会偏高，压力偏大，比较难实现。此时更需要政府出面来协助建立二手车市场，完善二手车辆流通信息平台，制定二手车辆评估标准和出台残值评估办法。宏观与微观相结合，市场

与政府相适应，更要利用现今大数据和互联网技术，建设智能化、科学化的二手车辆信息数据库。通过各方力量真正建立一个规范化、标准化的二手车市场。

目前二手车市场不够完善，互联网汽车融资租赁企业更不能仅依靠一种简单的直接出售解决方式，即将车辆转入个人买卖的二手车市场，应寻求更多的处理方案，继续拓展产业链，使二手车产生新的价值，如可通过将二手车转入网约车市场或者分时租赁市场，以便减少二手车辆不能及时处置产生的折旧损耗，从而形成产业互补关系链。这样可以防控风险，产生新的经济价值，更可以在一定程度上拓展二手车处理方式，为互联网汽车融资租赁企业提供更多选择方案，解决互联网汽车融资租赁企业的二手车辆处置问题。

（三）提升风控能力

风险是企业经营中遇到的经常性难题，其种类繁多，主要包括经营性风险、金融风险、信用风险、财务风险等。对于汽车租赁企业，最大的风险是信用风险。为此，应该建立风险管理体系，研究各种风险成因及解决方法，从而达到将企业损失降到最低的的目的。

1. 建立风险管理体系

风险规划、风险估测、风险控制和风险管理效果评价组成风险管理系统，因此对四个部分的具体了解就是对风险管理体系的了解。首先了解各部分的具体含义。风险规划是对整个风险管理体系进行整体的规划和研究，具体包括风险管理体系的总体实现目标、基本原则、实施具体步骤等。风险估测是分析与测量的综合，尤其是对在租赁过程中可能出现的风险进行估测。风险控制属于事后处理方法，尤其是在风险估测给出风险预警时，根据风险内容进行控制。风险控制包括面对突发事件处理机制、客户审查制度、租金催缴制度等。风险管理效果评价是风险管理体系的最后一个步骤，是在整个体系实施后做出的评价，其主要作用是找出需要改进和加强的部分，为后续工作做准备。

2. 应用信息技术控制风险

高新科技已经是时代发展必不可少的助力器，尤其是在互联网汽车融资租赁业务方面，更离不开信息技术的支持。现在随车安装车辆防盗装置是最常用也是最流行的防控手段，想要随时随地知道租赁车辆的位置，只需使用GPS全球卫星定位系统及软件更新版本，让租赁方与客户交流和信息互通。

3. 信息共享机制

现今信息可以高速传播，各个汽车融资租赁企业可以自觉形成一个联盟，将骗租欠租黑名单公布出来，建立信息共享机制。同时，联合各方形成合作体系，包括银行、保险、交通、公安等部门，形成一个大关系网络，共同为企业提供防风险指南，有效防范骗租、赖租。这样可以为汽车融资租赁企业提供全国性的优质客户群，创造更多的机会给商家，也防范了风险，降低了损失。

（四）完善法律监管体系

法律体系的建设对于互联网融资租赁来说是顶层设计，需要继续加强建设。

加快推进《融资租赁法》的立法工作，可使融资租赁法律更完善，并且为互联网汽车融资租赁给出明确的定义，明确出租人、承租人应承担的职责，完善法律法规，规范融资租赁市场行为。

我国现有新车交易规范比较完善，但是二手车流通就不够规范。国家需要积极出台更多的关于二手车流通的相关规定，打通二手车流通的堵点和难点，让二手车逐渐像新车一样规范交易、自由流通、放心消费。通过修订现有法律或者出台新的法案，以保障二手车市场发展的文明与和谐，同时更加维护消费者权益和市场健康有序发展。

（五）扩大发展规模

汽车租赁处于汽车生产、销售及汽车金融、保险等上游环节与二手车市场提供车源的下游环节之间，起着承上启下的作用。而国内的现状是没有一个相对完善的二手汽车市场，这才导致二手车价格普遍偏高。我国汽车融资租赁市场与国外成熟的汽车租赁市场有明显的差距，从汽车使用年份转入二手车来看，我国自购汽车使用寿命为十年到二十年，发达国家租赁汽车使用八个月到一年就会转到二手车市场。因此，迅速建立二手车的交易评估体系和培育发展二手车交易市场已经刻不容缓。同时，汽车租赁还要多方面考虑业务的拓展，与其他行业联合，从而完善产业链，最终实现多方共赢。

跨行业进行合作，即与其他行业合作，是汽车融资租赁加快发展的一个重要途径。例如，可以和旅游业联系起来，特别是与其中的旅行社、酒店进行合作，拓展业务，增加服务，从而扩大客源，推进行业发展；可以与汽车维修业合作，具体可以与该行业中的车厂的维修网点或大型汽车维修公司合作，不但为客户解决了车辆后续维修保养的问题，而且可以以此良好的后续服务来吸引客户；可以与加油站合作，增加租赁服务网点，使得客户在行驶过程中获得良好的服务。

第六章　重庆市涉农中小企业现状及其应用融资租赁的优势分析

第一节　我国涉农中小企业含义及特点

中小企业在国民经济中的地位举足轻重，已经成为我国经济发展的重要力量。农业一直是我国经济发展的基础，涉农中小企业的发展可以说关系到农业发展能否在新时期得以继续稳定推进。对中小企业的界定比较复杂，涉农中小企业的概念到目前为止没有统一。

一、涉农中小企业的界定

1. 中小企业的界定

中小企业也称为中小型企业。其注册资金、雇员人数、营业收入都比较少，经营规模较小，从而称为中小企业。不同的国家，在不同的经济发展阶段对中小企业的定义都不相同。我国关于中小企业最权威的界定可以参考国家发展改革委、财政部、统计局三大部门于 2011 年颁布的《关于印发中小企业划型标准规定的通知》，鉴于内容过多，且并未全面给出涉农中小企业的标准，故此处不再赘述。

2. 涉农中小企业的界定

涉农中小企业目前学术界尚无明确定义,结合农业生产特征和本书的研究内容,本书所指涉农中小企业是指主要从事农业生产资料、农产品的研发、生产、加工、销售、服务等经营活动,自负盈亏,独立经营的中小型经济组织。其包括三层含义:① 从划分标准来看包括中、小、微型三类企业;② 企业的经营范围不限于传统的农林牧渔业,也包括与农业相关的运输、加工、批发、零售企业;③ 不仅包括第一产业,还包括第二产业、第三产业,只要与农业生产资料或者农产品的经营活动有关即可。

二、涉农中小企业的特点

(1) 对自然条件(如阳光、水分、土壤等)依赖性强,所以容易出现农作物的生长过程与企业的生产过程具有高度同期性现象。

(2) 农业生产季节性和地域性较明显,劳动生产和农业生产的时间差较大,农业生产对资金和设备的需求表现为时间上的集中,而回报时间较长。

(3) 涉农中小企业的风险主要来源于气候条件变化而引起的自然风险,和农产品市场急剧变化带来的市场风险,且这些风险极为特殊,保障机制非常不健全。自然风险是指农业生产所严重依赖的自然条件(比如气候、水分、阳光、土壤等)变化所造成的农产品遭受损害甚至是毫无收成的风险。市场风险是指我国的农产品大多数是初级农产品,农业生产多以粗放型生产为主,虽然我国实行了农产品指导价格,但是仍然无法消除农产品的价格波动增大给农业生产者带来损失的不确定性。

(4) 涉农中小企业大多数为水产、家禽养殖加工、粮油食品、农用物资等劳动密集型产业,这些行业的共同特点是资本密度小、农产品附加值低、企业从业人员较多、技术含量不足,当然这些都是由农业生产自身的特点所决定的。

第二节　重庆市涉农中小企业融资现状

随着重庆市农业农村经济的发展，重庆市涉农企业获得了一定的发展。根据重庆市工商行政管理局数据，2021 年 1—5 月重庆市新增涉农各类企业 8 420 户，较 2020 年 1—5 月增长 140.78%，增长幅度较大；2021 年 1—5 月新增农民专业合作社 1 667 户，同比增长幅度为 26.38%。

重庆市目前已经大致形成了以中国农业发展银行重庆分行、重庆农村商业银行、国家开发银行重庆分行、中国农业银行重庆分行、中国邮政储蓄银行重庆分行等涉农金融机构为主，一系列农村资金互助社、村镇银行等为辅，各类担保公司、保险公司、贷款公司等金融机构共同参与的农村金融组织体系，各类金融机构纷纷瞄准农村金融市场，积极寻找新的业务增长点。截至 2021 年年末，重庆市农村金融机构总贷款余额为 15 131.22 亿元，其中涉农贷款余额为 2 802 亿元，较年初新增 103 亿元，占总贷款余额的 18.4%。据重庆市人民政府网站统计，2023 年 1 季度末，重庆市涉农贷款余额突破 8 000 亿元，达到 8 195 亿元，同比增长 13.36%。重庆市涉农金融服务水平全面提升，呈现“量增价降”的良好趋势。

目前涉农中小企业融资存在以下几个问题：

(1) 农业经营组织对资金的需求未获得满足。

重庆市现有农民专业合作社 1.6 万个，有融资需求 65亿元，获得贷款 1.4 亿元，占全市农民专业合作社融资需求的 2.15%。龙头企业贷款难：市级以上龙头企业 478 个，有融资需求 140 亿元，获得贷款 12.78 亿元，占全市市级以上龙头企业融资需求的

9.13%。据开县提供的农户个体贷款数据：全县现有农户38.50万户，有融资需求的对象占农户的1/3，农户的融资需求为5万元左右，全县农户总的融资需求约为64.17亿元，目前该县农户贷款余额为22.12亿元，满足度只有34.47%。

（2）贷款“贵”。

主要表现：贷款成本高。人民银行重庆营管部提供数据显示，涉农贷款基准利率为6%，浮动区间为5.4%到9%。调查结果显示：涉农贷款平均利率为7.21%，最高达9%。各农户、农村合作社、农业生产经营公司等涉农贷款主体，在完成一笔金融贷款时除了支付高额的利息之外，还普遍需要支付三笔不小的费用：① 一定比例的手续费，根据贷款金额的多少确定；② 担保费用，这笔费用是专门针对中小企业加收的，比例一般为3%～5%；③ 需支付对抵押、质押资产评估费用，大约为5‰。高利息加上各种收费，各类涉农贷款主体普遍反映贷款“贵”。

（3）难贷款。

难贷款最主要的表现首先是银行考虑各种原因不愿意向农业经营组织放贷，放贷成本较其他业务高。例如重庆农村商业银行2012年信贷成本为7.12%，包括资金成本、资产减值计提准备、人力与非人力费用所花费的运营成本、需缴纳的相关税负成本，其中营业税金及附加占的比例最大。具体到下属各个区县，主城各大支行信贷成本为5.72%，其他各县级支行信贷成本为8.62%，各县级支行信贷成本较主城支行高2.9%。其次，各大金融机构自开展农村金融业务以来普遍营运收益不高，如此造成银行宁愿花时间去开发其他业务，从而分配较少的资源到涉农业务上。比如重庆农村商业银行下属的开县支行是一家县级市分支机构，2012年，该支行网点员工对农村人口平均实现盈利6.4万元，而县城区域网点员工人均盈利高达45.92万元，比农村网点人均盈利多39.52万元，其盈利能力是农村员工的7.18倍。在农村和县城的盈利水平之间存在如此巨大的差异，从侧面反映了农村金融消费传统、消费水平尚未得到改善。再次，金融机构开展涉农业务的经营风险大，银行怕贷。农业银行重庆分行2012年年末的涉农不良贷款率为9.2%，其中经营不善的占47%，自然灾害占4.1%，道德因素占14.2%，死亡或下落不明占8.0%，其他的占26.7%。重庆农商行2012年年末县域支行不良贷款余额为15.21亿元，占全行不良贷款的89.68%，贷款减值计提比例高达4.93%，高于主城支行2.91个百分点。以开县"三权"抵押贷款为例，全县累计发放"三权"抵押贷款24.02亿元，仅为全县贷款余额的22.6%，其中，农房抵押贷款中10%为不良贷款。

(4) 贷款少。

主要表现：

一是重庆农村金融虽然有了长足的发展，但是涉农贷款在所有贷款中所占比例偏低，2012年全市涉农贷款余额为2 802.8亿元，占各项贷款余额的18.4%。

二是全市涉农贷款中农林牧渔业贷款余额为334.2亿元，占全部涉农贷款的11.9%，较2007年年末下降16.3%，仅占全市贷款总额的2.14%，说明在全部贷款中用于支持农林牧渔业实体经济发展的贷款比例很小。

三是国有商业金融机构对农村信贷投入总量偏小，全市主要国有商业银行涉农贷款占比为39.5%，而农商行一家地方性商业银行就占26%，对涉农组织的融资主要是由地方金融机构来承担，但是地方金融机构却从规模上来看不足以支撑农业生产庞大的资金需求，显得有些力不从心。

出现上述现象的原因主要有以下几个：

第一，传统的金融机构业务偏向于"批发"而非"零售"，在实践中大多数将涉农中小企业融资拒之门外，采取歧视政策。在现有的金融体系下，为涉农中小企业提供资金融通的银行金融机构资金普遍不足，数量也不多。另外，金融机构内部管理制度设计上对涉农中小企业不利，为加强贷款管理，实行“谁发放，谁管理，谁收回，谁补偿”制度，网点工作人员承担巨大的风险，出于自身安全性考虑，业务人员难免会有“惧贷、惜贷”的意识。

第二，金融机构惜贷的主要原因是农村金融市场存在严重的信息不对称情形。逆向选择与道德风险被认为是银行与企业、农户之间的信息不对称的主要表现。逆向选择是指银行做出错误判断，原因是信用体系的不完善和信息不全面；道德风险是指当贷款农户/企业逾期不还款时金融机构所遭遇的风险。企业逃避银行债务事件时有发生，甚至有涉农经营组织通过瞒报、谎报企业数据骗取贷款，部分农村企业经营者信用意识尚未形成，从而造成大量农村金融机构存在一批不良贷款，长此以往，金融机构在放贷上就显得很谨慎。

第三，涉农中小企业自身的原因。如中小企业普遍在管理中存在企业组织架构不完善、权责不清晰、任人唯亲、家族经营、企业财务制度混乱、企业缺乏经营文化等问题。金融机构在尽职调查活动时要想识别该类企业真实的财务状况、生产情况、经营收入等，难度较大，因而无法对其进行准确信用评级，影响银行放贷。加之农业生产与自然条件紧密联系，受自然现象影响很大，很多企业对风险的预估不足，停产、倒闭、违约等现象时有发生，企业所提供的抵押资产也可能存在价值不足等问题，种种原因导致获得贷款难。

第三节 涉农中小企业运用融资租赁的优势

一、融资租赁门槛较低

相较于向银行等金融机构融资的方式,中小企业更容易获得融资。银行等金融机构对借款人的条件审核比较严格,且审批时间较长,对借款人企业自身的经营条件也要求较高。涉农中小企业由于自身发展限制、企业管理不规范等,要想获得银行贷款就比较难。而融资租赁虽然利率高于银行借款,但是条件低、审批流程简单,对企业实现融资比较有利。

二、具备较高的性价比

一般情况下,虽然融资租赁利率较高,但是企业通过融资租赁获得资金的时间比向银行借款要快,对于涉农中小企业来说,时间带来的资金收益也是具有优势的,尤其是在农业生产旺季,涉农中小企业对融资的需求就十分急迫。此外,融资租赁也会存在要承租人提供担保的情形,但是涉农中小企业以自己的固定资产等作为担保物也是可行的,从而减轻了涉农中小企业融资的压力。时间快、流程简单、抵押物要求较少,融资租赁业务较向银行等金融机构借款等业务具有较高的性价比。

三、改善现金流

一般情况下,一家涉农中小企业通过借款去购买企业需要的设备,一般贷款的期限不会很长,企业借款到期不得不偿还本金和利息。而使用融资租赁手段,期限一般都超过租赁设备使用时间的 1/2。企业不需要考虑在短时间内偿还巨额本金，因此资金压力得到了缓解，企业也有了更多的流动资金用于自身发展。

四、增强企业再融资能力

我们设想一下：一家企业采取的融资租赁方式是售后回租模式，简单来说就是承租企业先把设备卖给租赁公司然后通过支付一定租金的方式获得其使用权，可以看到在整个业务流程中，企业既获得了资金，又可以一直使用所需的设备，资本的流动性大幅度增强。从会计学的角度来讲，作为承租人一方所获得的租赁物是作为一种资产来确认和计量的，而非计入负债项目。如此，在会计报表上，企业资产部分表现为增加了，负债部分却不变，资产负债率下降，财务指标得到美化，从某种程度来讲，增加了企业其他渠道的再融资能力。

第四节　重庆市涉农中小企业融资租赁项目案例风险分析

2017 年，重庆市融资租赁行业取得了较为快速的发展。截至 2017 年年末，全市总部型的法人融资租赁公司共有 78 家，企业共计注册资本约 300 亿元人民币，目前注册资本金实际到账 100 亿元人民币左右，资产总额已近 300 亿元人民币，约为实到资本总额的 3 倍。

案例一:化肥生产企业融资租赁项目

一、背景介绍

(1) 承租人情况简介

承租人江津A农业开发有限公司,成立于2009年7月,注册资本1 300万元,企业性质为民营涉农中小企业,行业种类为农产品加工,经营范围:农业开发;种植、销售花椒;农产品加工;销售农副产品、化肥、复合肥。法定代表人王某。承租人股东有2人,分别为法定代表人王某(占股95%)和陈某(占股5%)。承租人共有关联企业4家。

化肥生产市场近年来发展趋于饱和,行业竞争日益激烈。为了获取更大的市场份额,保证A公司能够在市场经营中实现稳定增长,公司管理层一致讨论决定采用M国某先进设备生产线以提高生产效率。方案有两种:一是通过向银行借款获得资金,然后再向M国生产商购买,随之而来的问题就是大笔借款利息的支付会导致公司的现金流紧张,万一公司经营出现风险,那么企业将陷入资金链断裂的局面;二是采取融资租赁的方式,通过每月向融资租赁公司支付一定的租金获得该生产线。最后经过讨论,一致决定向甲融资租赁公司提出融资租赁业务。

2010年1月,A公司、甲公司双方签订了融资租赁合同,甲公司作为出租人,A公司作为承租人,甲公司按照A公司的要求购买M国生产线,合同约定,租金总额为18万美元,租赁期限为24个月。2010年3月,生产线运抵A公司指定的交货地点,随后三方当事人组织相关人员安排了生产线安装调试,达到预定使用用途后立刻投入生产。

二、承租人违约

A公司在使用新的生产线生产之后的几个月，新化肥并未为企业带来市场占有率的上升，原来的一部分市场反而丢失了。调查之后发现客户对新的化肥并不买账，认为并没有多好的提升效果，价格反而比同类产品高，一部分原来的客户纷纷转向其竞争对手。

在巨大的资金压力之下，A公司不得不安排新生产线停产，重新使用老的生产线，在支付了6万美元租金之后就停止支付了，原因是此后并未使用，故拒绝向甲公司继续支付。甲公司在催收了几次无果之后，意识到风险已经发生了。更严重的是，甲公司经过调查发现该生产线的二手市场并未成熟，很多企业都不愿意接手该设备，原因是使用该生产线造成产品单位成本过高，不符合化肥行业低成本的要求。无奈之下，甲公司将A公司诉诸法院，要求其按合同约定支付租金。

三、案例启示

信用风险在涉农中小企业开展融资租赁业务时时有发生，出租人应该谨慎考查承租人的基本情况，对企业进行尽职调查后再决定是否开展融资租赁业务，而不是单靠行业发展是否成熟就直接做出是否融资决定。此外，对生产设备的二手市场的忽视也是甲公司出现风险的重要原因之一。如果在项目审核阶段能够做到仔细谨慎，能够全面把握相关行业的发展情况，甚至及时关注承租人所处行业的未来发展情况，那么本次风险是可以降低的，或者说是可以完全避免的。

案例二:种植业融资租赁项目

一、背景介绍

(1) 承租人情况简介

承租人万州B农业开发有限公司,成立于2009年8月,注册资本1 000万元,企业性质为民营涉农中小企业,行业种类为柑橘种植,主要经营血橙的种植及销售,另有李子基地约1 000亩,蔬菜基地约200亩。法定代表人程某具有多年的农委工作经验,后去东莞经营服装厂,于2009年回渝发展。

承租人股东构成为2人,分别为法定代表人程某(占股68%)和谢某(程某妻子,占股32%)。承租人共有关联企业4家,关联企业较多,但是基本没有自主经营,主要为获取政府补贴。

(2) 经营情况

承租人自2011年起在万州区瀼渡镇、恒合土家族乡、开州区南门镇实际流转共约3 800亩土地作为种植基地,剩余租期11年,现租金约为120万元/年,每年一付。

承租人主营柑橘种植销售,根据现场查看判断该种植基地核心种植区域约为500亩。目前已建成厂房约1 500 m^2、冻库400 m^2 及洗果设备一条,新增总投入约200万元。李子种植基地于2014年开始种植,目前未实现挂果销售。另外在开州区的蔬菜基地实际种植面积约200亩,年收入100余万元,目前新建冻库约150 m^2,投入约20万元。

(3) 财务指标

财务指标见表6-1。

表 6-1

财务指标	上年度销售收入(含补贴)	310 万元
	本年度截至调查节点时的销售收入(含补贴)	300 万元
	其中:主营收入	103 万元
	已到位政府补贴收入	135 万元
	年回款额(全部经营性现金及到账补贴)	300 万元
	总资产	2 100 万元
	其中:固定资产	700 万元
	生物资产	1 400 万元
	存货	0
	总负债	1 800 万元
	其中:短期借款	1 800 万元
	应付账款	0
	其他应付款(民间融资)	0
	资产负债率	85.71%
	净利润率	3.57%

① 资产:共计 2 100 万元。

a. 固定资产:共计 700 万元,主要为企业新建设的厂房、冻库、设备、办公设施及车辆、基地基建,较去年新增投入约 220 万元。

b. 生物资产:共计 1 400 万元,主要包括土地流转费用,果树、人工及肥料费用。

② 负债:共计 1 800 万元。

a. 短期借款:共计 1 650 万元,分别为银行流动资金贷款 100 万元,银行抵押贷款 950 万元,村镇银行抵押贷款 450 万元,担保流动资金融资 150 万元。

b. 股东借款:共计 150 万元,均为股东程某个人小额贷款。

③ 收入：共计 418 万元。

a. 主营业务收入：目前柑橘基地和蔬菜基地部分实现收入，经查看企业现金日记账和财务管理系统，蔬菜基地收入约为 102 万元，柑橘基地收入约为 103 万元（由于受灾害天气影响，实际产量为 40 万斤、销售均价为 2.8 元/斤）。

b. 补贴收入：经查看企业财务系统，2014 年全年实现补贴收入为 303 万元，2015 年全年实现补贴收入为 213 万元，自 2016 年以来的补贴收入为 135 万元。

④ 现金流情况。

现金流见表 6-2。

表 6-2　　单位：万元

现金流入		现金流出	
银行贷款	900	基地净投入	1 800
项目补贴	1 200	费用累计	400
股东投资款	400	利息及保证金	300
合计	2 500	合计	2 500

（4）征信情况

承租人征信情况未见明显异常且部分贷款未在征信中显示，本次征信信息提供不齐全。

（5）租赁物情况

本项目租赁标的物为柑橘种植林（生物资产），实际种植面积为 1 000 亩，其中柑橘树龄均为 5 年以上，平均单位亩产量为 800 斤，主要产品类近两年销售均价为 2.8 元/斤。指定第三方评估公司对租赁标的物估值为 400 万元。

（6）租赁方案

租赁方案见表 6-3。

表 6-3

<table>
<tr><td>租赁标的物</td><td colspan="3">柑橘种植林</td><td>租赁类型</td><td>售后回租</td></tr>
<tr><td>租赁物作价</td><td>400 万元</td><td>租赁物净值</td><td>150 万元</td><td>首付租金</td><td>—</td></tr>
<tr><td>租赁期限</td><td colspan="3">3 年</td><td>租金支付方式</td><td>按季付息，每半年还本</td></tr>
<tr><td rowspan="2">定价</td><td>租息率</td><td colspan="2">6.00%/年
（基准上浮 26%）</td><td>手续费率</td><td>1.5%/年，每年期初支付</td></tr>
<tr><td>保证金比率</td><td colspan="2">—</td><td>财务顾问费率</td><td>—</td></tr>
<tr><td>担保措施</td><td colspan="5">承租人名下 1 500 m² 厂房及 550 m² 冻库抵押至公司名下；
承租人实际控制人及配偶提供连带责任担保</td></tr>
<tr><td>资金用途</td><td colspan="5">用于补充承租人生产流动资金</td></tr>
<tr><td>留购价格</td><td colspan="5">1 元</td></tr>
</table>

二、涉农中小企业（承租人）面临的风险分析

（一）信用风险

金融社会中信用风险长期存在，对于融资租赁来说更要重点关注。在融资租赁业务中一旦出租人和承租人签订合同，主要的信用风险就来自对方的违约行为，不管任何一方违约都可能给对方造成损失，例如承租人的主要风险就是出租人无法将租赁物按时交货、租赁物存在质量瑕疵、所有权纠纷。案例中承租人 B 公司就面临这样的风险，其所融资租赁的柑橘种植林因为前手经营租赁户承包合同租金与出租方（该柑橘种植林所属的村集体）存在争议而可能无法按时得到，所以 B 公司一旦决定采取融资租赁获取资金时，对出租人的信用考查也是很重要的。

（二）不可抗力风险

不可抗力风险主要是指地震、泥石流、洪水、大风、暴雪等自然

原因导致的或者游行、战争等人类活动导致的客观情况。农业生产的特点导致其对自然条件的依赖性非常强。如林业对阳光、水分、土壤的需求比较高，一旦遇上暴雨暴雪、病虫害等自然灾害，就会对农业经营造成严重影响，如此风险就产生了。

承租人B公司的主营业务范围为柑橘、血橙、李子等水果种植，还涉及蔬菜种植。上述农产品产量与自然天气密切相关，如果B公司遭遇自然灾害的侵袭，那么公司的主营业务收入就会大幅度减少，从而使现金流减少，直接影响融资租赁合同的履行。

（三）行业风险

行业风险属于宏观风险，政策法规的变化对农业的影响非常大，农业对政策的依赖性比较大。涉农中小企业需要时时关注国家宏观政策动态，深入研究农业政策，保持随时对产业政策的调整做出快速反应的状态，如果反应滞后，那么风险产生的概率就很大。就B公司来讲，该公司所处的农产品种植行业竞争不是很激烈，行业规模化壁垒较高，农业对国家政策的依赖性较强，政府对农业发展的支持力度较高，人们对绿色食品的要求越来越高，生鲜行业预计未来发展较好，现阶段可以结合市场需求扩大生产，风险还是比较低的。

三、出租人（租赁公司）融资租赁业务中的风险分析

（一）盈利风险

B公司通过融资租赁方式获取柑橘种植林，目的是扩大柑橘的种植规模从而获取更多利润。假设B公司在柑橘或者整个融资租赁阶段经营不佳，盈利下降，那么很可能影响B公司的持续经营，租赁公司获得租金的及时性和足额性就可能受到影响。B公司的资产负债率已经达到85.71%，如此高的负债率说明企业的经营已经存在一定问题，至少是对于所有者权益部分来讲不多。

如果企业经营情况再出现任何问题，对出租人租赁公司来说租金的获取都会出现延迟或者其他问题，尽管这种情形不一定百分之百会发生。

（二）管理风险

管理风险是由承租人一方带来的，承租人企业内部管理结构、股权分配、权责分配，甚至是领导层的人员构成，都可能给出租人带来风险。案例中承租人B公司股东构成为2人，且为夫妻共同持股。承租人以前经营的是服装，并无种植业经营经验。就案例中涉农中小企业来说，夫妻共同经营，企业组织结构不是很合理，不能排除夫妻二人在某项业务的决策上无法达成一致意见，甚至这种不一致还可能是出于夫妻之间的其他因素考虑而非正常的经营逻辑。从案例中也可以看到，对某一个创始人严重依赖，万一创始人某天出现意外，企业的经营就会陷入混乱，这也是风险的来源之一。

（三）行业风险

如前所述，种植业依靠国家对农业的支持发展政策，就目前来看农业的发展前景较好，但是同时也要警惕盲目发展，跟风投资。目前我国经济发展存在的一大问题就是跟风投资，大量的资本向一些热点领域、风口行业投入，如共享单车领域的投资已经演变成为一场“烧钱大战”。

（四）信用风险

当承租人的租赁项目经营受挫时，承租人是否能按期支付足额的租金，出租企业所获得的担保和租赁物在变成现值后能否支付租金，就成为租赁公司最关注的问题。一般租赁公司的做法是除了要求承租人自己提供担保（一般是实物）之外，还会要求第三方主体为承租人提供担保，而且保证责任一般是带保证责任，非一般保证，即当承租人不按照约定支付租金时，出租人可以要求第三方主体替其支付租金，第三方主体在此种情形下是无权拒绝的。本来这种措施从效果上来说应该是对出租人（租赁公司）有利的，但是如果第三方担保与承租人本来就有重大利益关系，甚至存在控股或者被控股的关系，那么就应该另当别论了。

在本案例中，为保障自身债权的实现，出租人（租赁公司）要求B公司为本次租赁标的物的获取提供担保，B公司的担保物为其名下1 500 m^2厂房及550 m^2冻库，将其抵押至公司名下，承租人实际控制人及配偶提供连带责任担保。上述担保措施非第三方担保，无法排除承租人已经将担保物进行抵押的事件发生，届时出租人可能面临租金无法受偿的风险。

案例三：农副产品加工融资租赁项目

一、出租人基本情况

渝农商金融租赁有限责任公司（以下简称渝农商公司）成立于2014年12月19日，该租赁公司是控股股东重庆本地的银行金融机构——重庆农村商业银行股份有限公司，与重庆两江金融发展有限公司、重庆捷力轮毂制造有限责任公司共同发起设立的一家主要业务范围为金融租赁的公司制企业，注册资本为25亿元，是中西部首家地方性银行控股、民营参股的混合所有制金融租赁公司，也是全国第28家金融租赁公司。

公司业务范围：

（1）城市公共事业。为城市公共事业领域的各类企业提供从资金、产品到业务支持的全方位租赁服务。

（2）工业装备。专业为航空航天、海洋工程、能源矿山、石油化工、电子通信、食品加工等行业领域的各类企业提供从资金、产品到业务支持的全方位租赁服务。

（3）新能源行业。为新能源行业的各类客户提供从资金、产品到业务支持的全方位租赁服务。

(4) 中小三农——中小企业生产设备、农产品加工设备、农业生产机械设备等。主要客户为:符合国家产业支持导向的科技型和生产型中小企业;农产品加工、食品制造领域的产业化龙头企业;从事农业规模经营的种粮大户、农机大户、家庭农场、各类农民专业经济合作社,以及其他新型农业生产经营组织。

二、承租人基本情况

(1) 公司整体情况

承租人重庆市黔江C营养食品有限公司(以下简称C食品公司),成立于2010年9月,注册资本金为2 000万元,企业性质为民营涉农中小企业,行业种类为农副产品加工,经营范围为预包装食品,批发兼零售、生产、销售方便食品(其他方便食品)。法定代表人徐某拥有多年烟草加工业及食品加工业工作及管理经验。

承租人股东构成为2家法人主体,分别为重庆G实业集团有限公司(出资1 600万元,占股80%)和重庆H农业科技有限公司(出资400万元,占股20%)。承租人共有关联企业4家。

(2) 经营情况

① 原材料采购

承租人主营产品——速食银耳产品系列的主要原材料银耳,由其下属子公司重庆市××银耳种植专业合作社供应。目前承租人银耳原材料绝大部分采购于福建古田,价格较便宜,能满足目前公司的产能需求。但承租人新的生产线全面投产后,对原材料的需求将大幅度提高,古田银耳将不能满足产能要求,而且原材料过度依赖外购会造成价格波动的风险较大。为此,承租人在建年产3 000吨银耳项目时就着手在黔江当地大力发展银耳种植。

同时与北京纷美利乐、重庆市盐业(集团)有限公司黔江分公司、成都市百味生活食品有限公司、北京纽特生物技术开发有限公司、重庆北部新区海洋印务有限公司等数十家供应商签订了长期的纸盒、纸碗、精品包装盒及冰糖、白糖、奶粉、香精的采购合同。

合作社每月为承租人提供 20 吨干银耳的原材料，其中自供 10 吨，福建古田、四川通江两地采购 10 吨，按市场价核算，每吨 35 000 元，支付额为 70 万元，其他辅助产品每月结算量 60 万元左右。交易结算方式均以货到验收合格后 2 个月内结算，每次结算额为 130 万元。结算周期较长说明客户市场话语权较强。

② 销售情况

承租人产品目前主要由下属 3 家公司负责销售。采取三种销售模式：一是企业内部承包制，由销售人员按地区进行承包；二是区域代理制，寻求有实力的区域代理商；三是联营模式，即与一些地方大企业合作成立合资销售公司。

承租人根据各区域的消费能力和特点，明确速食银耳、即食银耳系列产品销售以华东、重庆市、珠江三角洲地区市场为主，贵州省、四川省为辅，逐步推向国内国际市场。

目前重庆市销售公司已与 342 家经销商签订销售合同，产品已进入重庆市重百、新世纪、永辉、远东、罗森、新大兴、卜蜂莲花、沃尔玛等 360 多家门店上市销售。预计全年销售总额为 8 000 万～10 000 万元。

贵州销售公司已与 106 家经销商签订销售合同，合同金额总计 6 000 万元，产品已进入北京华联、世纪联华等 9 家门店销售。预计全年销售总额为 4 000 万～5 000 万元。上海销售公司已与江浙地区 10 家商贸公司签订销售合同，铺设 1 200 多家经销网点，其中上海森井商贸公司为当地比较著名的连锁经营公司，产品已在当地的大润发、罗森、家乐福、喜事多等具有影响力的商超全面上市销售，已有 1 180 多家门店销售银耳系列产品，预计全年销售额为 2 000 万元。

2012年承租人实现销售收入2 886万元。截至2013年年底，承租人实现销售收入2 981万元。销售占比情况：纯净水10%、乳类饮料60%、银耳类饮品30%。

（3）财务情况

财务情况见表6-4。

表 6-4

财务指标	上年度主营业务收入（含补贴）	2 886万元
	本年度截至调查节点销售收入（含补贴）	6 598万元
	其中：主营业务收入	2 981万元
	其他业务收入	3 617万元
	年回款额（全部经营性现金及到账补贴）	845万元
	总资产	17 781万元
	其中：固定资产	5 418万元
	货币	30万元
	存货	803万元
	应收账款	11 530万元
	总负债	7 856万元
	其中：长期借款	4 500万元
	应付账款	78万元
	其他应付款	3 278万元
	资产负债率	44.18%
	净利润率	21.54%

① 资产：共计17 781万元。

a. 固定资产：共计5 418万元，主要为企业厂房、冻库、设备及购买的办公设施及车辆。

b. 存货：共计803万元，主要为冻库库存银耳原料及未销售的产品。

c. 应收账款：共计 11 530 万元，主要为各大商超未及时结算的销售款。

② 负债：共计 7 845 万元，其中主要是承租人“年产 3 000 吨银耳深加工项目”获批中国进出口银行 4 500 万元的项目贷款，另外还有 3 278 万元的贷款未付，用于从银耳种植专业合作社购买货物。

（4）征信情况

经查中国人民银行征信中心登记系统，即特别关注客户相关信息，承租人无不良信用记录。截至目前，承租人项目贷款主要是中国进出口银行的贷款 4 500 万元。

（5）租赁物情况

本租赁项目的租赁物主要是食品加工生产线设备设施，账面原值 4 028 万元，经公司认可的第三方评估公司评估，评估净值约 2 500 万元。

（6）租赁方案

租赁方案见表 6-5。

表 6-5

租赁标的物	食品加工生产线设备设施			租赁类型	售后回租
租赁物价格	4 028 万元	租赁物净值	2 500 万元	首付租金	0 万元
租赁期限	3 年			租金支付方式	按季还本付息
定价	租息率	6.15%/年		手续费率	3.5%/年（期初支付）
	保证金	350 万元		财务顾问费率	0%
	比率	14.00%			
担保措施	承租人大股东重庆 G 实业集团有限公司提供连带责任担保				
资金用途	本次承租人融入资金将用于原材料的采购和市场销售渠道建设				
留购价格	人民币 1 元				

(7) 融资租赁模式:售后回租。承租人C公司与渝农商金融租赁公司先签订“买卖合同”,由渝农商金融租赁公司购买其自有食品加工生产线,C公司获得了运营资金,再与渝农商金融租赁公司签订第二份合同——“融资租赁合同”,C公司作为融资租赁关系中承租一方定期支付一定租金给渝农商金融租赁公司,从而取得该资产的使用权,渝农商金融租赁公司则获得了一定的租金收益。

三、出租人(渝农商金融租赁公司)业务流程

规范的业务流程是风险控制不可或缺的一部分,一个完善的流程能够在融资租赁项目审核之前识别风险、发现问题、减轻或避免损失。渝农商金融租赁公司的业务流程如图6-1所示。

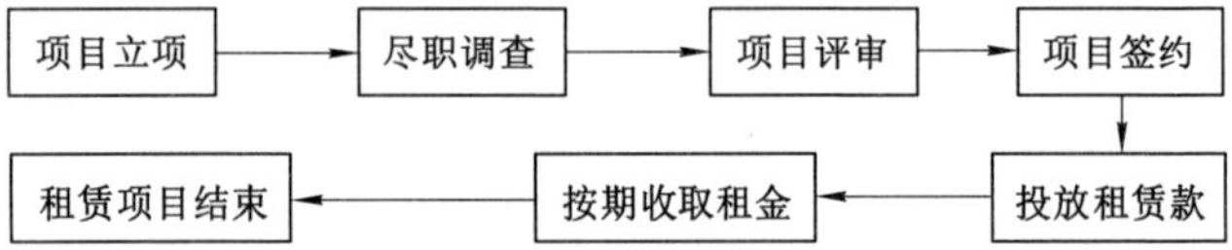

图6-1　渝农商金融租赁公司业务流程

对C食品公司的尽职调查报告显示:C食品公司所处绿色食品行业,产品质量较好,有稳定的原材料供应商,下游销售渠道畅通;公司股权结构明晰,现任创始人行业经验丰富,企业治理结构相对较合理;近3年来企业持续盈利;无不良信用记录;资产负债率约为44%,处于一个较合理的负债水平;企业年盈利率为21.54%。据国家统计局2016年统计数据,农副食品加工业年盈利率平均为9.7%,C食品公司盈利水平较行业平均水平高,可以开展融资租赁业务。

渝农商金融租赁公司下设运营管理部(负责收取租金和其他应收款项催收)和业务部门(负责协助运营管理部通知承租人及时

缴付租金，收取租金和客户逾期时应缴的罚息）。根据租赁合同约定，C 食品公司按季支付租金。首次租金为 115.312 5 万元（计算公式：2 500 万元×6.15%×3/4＝115.312 5 万元），保证金为 350 万元、手续费为 87.5 万元（2 500 万元×3.5%＝87.5 万元）等。上述费用按照租赁合同约定到达渝农商金融租赁公司账户后，运营部再向主管副总裁申请是否安排将租赁物包装外送承租人，在获得批准后融资租赁业务开始。

四、出租人（渝农商金融租赁公司）存在的风险

（一）信用风险

承租人能否按时足额支付租金，对渝农商金融租赁公司来说非常重要。该公司融资租赁业务持续 3 年，租金收入已经成为主营业务收入。假设 C 食品公司违约，对于渝农商金融租赁公司来说就是一个重大的打击，租金能否实现对渝农商金融租赁公司来说十分重要。

渝农商金融租赁公司与各主体之间（如案例中的 C 食品公司、重庆 G 实业集团有限公司）存在信息不对称的情况。在项目选择阶段，C 食品公司有可能为了获得租赁项目而极力促成本次业务的达成，有可能导致报告中的企业的经营状况、标的物的具体用途、企业的组织架构、重大股权变动等都不是真的。这对于渝农商金融租赁公司来说是非常不利的。即使渝农商金融租赁公司开展尽职调查，也可能达不到理想的效果。

（二）租赁物转移风险

从物权的角度来看，融资租赁业务只是将租赁物的使用权转移给了承租方，所有权仍然属于作为出租人的渝农商金融租赁公司。但是 C 食品公司采取融资租赁方式中的售后回租方式时，食品加工生产线设备设施长期处于 C 食品公司的控制之下，

并不能完全保证租赁物的完全所有权，这对渝农商金融租赁公司来说也是风险的来源。再者，假设本次融资租赁业务中的C食品公司，将生产线售后回租的租金并非用于规定用途，而是用于一些其他业务投资，那么C食品公司一旦出现问题，这笔融资资金就不复存在，其要按照合同约定支付租金估计也会受到影响。

在租后阶段，假设C食品公司已经不能支付了，其用于担保抵押的财产又不足以偿还渝农商金融租赁公司的租金时，同样会引发风险。在案例中提到出租人C食品公司的固定资产5 418万元，总资产17 781万元，固定资产约占总资产比例为30.4%，固定资产在总资产中占有如此重要的比例，从侧面可以看出C食品公司固定资产比例相对过高，说明企业变现能力差，企业偿还债务的能力就差，或者用作抵押担保的财产已经属于二次抵押，如果这样，对渝农商金融租赁公司来说其担保权益是基本无法兑现的。

（三）信息不对称风险

渝农商金融租赁公司对担保方重庆G实业集团有限公司的企业经营状况、利润来源、资金流甚至行业的竞争现状等情况并不如C食品公司熟悉，况且案例中G实业集团还是C公司的绝对控制人。渝农商金融租赁公司与担保方之间的信息不对称可能造成企业故意隐瞒担保人的资质存在问题，担保方如果在出租人行使担保物权时提前处置了担保财产或者使担保财产发生贬值，那么也会使出租人渝农商金融租赁公司最后的债权保障变得岌岌可危。

第五节　重庆市涉农中小企业融资租赁风险管控防范措施及相关建议

一、风险管控的防范措施

根据前文对融资租赁项目案例的风险分析，我们尝试站在融资租赁公司（出租人）和承租人的视角，针对上述案例项目中的各种风险，提出相应的应对措施。

（一）行业风险的防范措施

在租赁项目实施前，融资租赁公司要做实对承租人的实地尽职调查。在实际调查中要特别注意考察承租人或者其投资方向是否属于过剩产能、高库存、高成本、高能耗等国家大力限制的行业，并考察承租人在当地所属行业内的地位。根据考察信息评估承租人是否可以成为融资租赁业务投入的行业。在租赁项目实施后，融资租赁公司要做好对承租人定期或不定期的租后检查。注意考察承租人是否在当地所属行业内保持着相应的竞争力，及时了解国家对承租人所属行业的态度，并根据检查情况及时对租赁项目做出相应调整。

（二）经营风险的防范措施

融资租赁公司在实地尽职调查过程中，通过对承租人财务水平的了解和分析，对承租人的盈利水平进行测算，进而评估其租金偿还能力。还可以通过设定适度的首付租金比例、保证金率，降低融资额度，第三方保证人等形式，提高企业融资门槛，进而筛选出经营状况较好、经营风险较低的涉农中小企业。

（三）信用风险的防范措施

1. 针对承租人信用风险的应对措施

融资租赁公司一般采取以下措施来降低可能面临的信用风险：

（1）融资租赁公司在融资租赁合同中约定：在租赁期内，租赁物的所有权归出租人所有。承租人不得将其转让、抵押或者出售。直到出租人获得全额租金后，双方再就租赁物的所有权转移办理相关物权变更手续。

（2）融资租赁公司要求添加抵押物，以承租人或者其实际控制人的其他可流通的有价资产为租赁项目作抵押保证。并在抵押合同中约定：在租赁期内，承租人及其实际控制人不得将抵押物转让、再抵押或者出售。

（3）融资租赁公司要求设置担保人或者回购担保人，为承租人无条件承担不可撤销的连带责任作保证，或者按照合同约定回购租赁物以确保出租人的相应利益。

（4）融资租赁公司在租赁项目中设置一定的保证金，作为承租人履行合同的保证，用于出现信用风险时抵偿未支付的租金。

2. 针对租赁物信用风险的应对措施

融资租赁公司除了在租赁项目实施前尽可能取得租赁物的所有权，在租后管理中定期或不定期地对租赁物进行资产巡视以外，还可以将租赁物在动产融资统一公示系统中登记备案进行公示，以及要求承租人对租赁物购买足值的保险，以能更有效地实现租赁物资产保全，降低由于信用风险所导致的租赁物资产取回的风险，确保自身在租赁过程中的权益。

3. 针对出租人信用风险的应对措施

融资租赁公司应该把防范从业人员信用风险的问题作为一项系统工程来对待。一方面，在充分掌握融资租赁行业的基本情况后，开展对从业人员的风险培训、金融知识培训、法治意识培训，重点加强对租赁企业员工风险意识的改造。另一方面，完善权责对等制度，强化信用制度，实现内部控制与约束的增强。

（四）治理风险的防范措施

由于融资租赁项目的风险与承租人实际控制人的管理水平关系极大，因此，在租赁项目实施前，融资租赁公司在实地尽职调查的过程中需要深入调查承租人实际控制人及相关管理者的情况，包括身体状况、学历、专业技能、管理水平、从业经验、家庭背景等个人情况。此外，可通过员工访谈等形式，侧面了解承租人实际控制人及相关管理者的管理风格和可信任度等情况。通过以上了解到的情况对承租人的治理风险评估，确保承租人的运营处于较好的状态。

（五）财务风险的防范措施

1. 针对承租人财务风险的应对措施

融资租赁公司可以通过前期实地尽职调查了解承租人的关联企业情况，真实的财务情况，评估该企业的财务风险。并且可以通过适当调低承租人融资额度或者提高承租人首付租金比例，来确保其租赁期内的经营现金流能完全覆盖租赁项目的每期租金支付。

2. 针对租赁物财务风险的应对措施

融资租赁公司可以要求设置第三方回购担保人，一旦出现需要处置租赁物资产的情况，回购担保人无条件地原价回购租赁物，确保出租人在租赁物出现财务风险的情况下资产不受损失。

（六）自然风险的防范措施

1. 针对承租人自然风险的应对措施

由于自然风险具有不可控等特性，融资租赁公司除了在租后管理中采取定期或者不定期地对承租人生产经营情况进行检查，还可以设置抵押物、确定担保方以及提高保证金比例，以确保承租人在出现自然风险情况下出租人相应的租赁收益。

2. 针对租赁物自然风险的应对措施

融资租赁公司应该要求承租人为租赁物购买足额的保险。一旦出现自然风险，对应的保险赔偿金可以弥补出租人在租赁项目过程中产生的损失。

二、对策建议

笔者从重庆市相关政府机构、融资租赁公司及涉农中小企业的视角，提出一些建议，以抛砖引玉。

（一）从重庆市相关政府机构的角度

一是加强对中小企业的监管，尽快建立完善的信用体系，加大对违规行为的处罚力度，促进中小企业的规范化建设。

二是大力构建现代农业产业体系、加强农业品牌建设、培育新产业、壮大新业态、推动绿色发展、培育新型农业经营主体、强化农业科技支撑、提升农业机械化水平、加强信息化平台建设、重视基础设施的搭建、完善农村融资环境，在农业供给侧开展改革，助力涉农企业的发展。

三是加强对重庆市农业政策性担保体系的完善与引导，提高涉农中小企业的融资能力，解决涉农中小企业的融资难题。

（二）从融资租赁公司（出租人）的角度

一是构建一套完善的风控体系，建立企业风控文化。完善租前实地尽职调查流程及租后管理流程，实现将租赁项目风险前置且使之可控。

二是建立融资租赁业内企业间的交流沟通机制，促进企业资信信息互联互通，实现对承租人的风险透明。

三是加强对从业人员的专业化培训与从业廉政教育，促进融资租赁公司的发展，降低从业人员的道德风险。

（三）从涉农中小企业（承租人）的角度

1. 承租方的信用风险防范

风险是开展融资租赁业务时必须关注的。信用风险对于融资租赁的双方来说都是存在的，承租人的信用风险主要来源为出租人的违约等过失行为。比如租赁物质量存在瑕疵，租赁物的所有权存在争议等。

承租人应该尽量避开与信用存在瑕疵的出租人建立融资租赁关系，因此，在进行融资租赁前有必要对融资租赁公司展开实地调查，比如到工商行政部门查询企业的基本情况，了解租赁公司以前的客户对该企业的评价，要求租赁公司提供近几年的财务报表等，都可以很好地了解其信用风险，然后再做出是否融资的决定。

2. 承租方的汇率风险的防范

涉农中小企业只有在和国外的融资租赁公司合作时才会存在汇率风险。本国的货币对国外货币汇率的变化会导致涉农中小企业遭受经济利益上的损失。因此，为了规避汇率风险，涉农中小企业必须尽量全面考察整个租赁行业，仔细选择出租人，选择国内的融资租赁公司合作。

3. 承租人技术落后风险的防范

科技的发展深刻影响着每一个行业，且随着经济的发展，科技更新换代的速度也越来越快。落后的技术不能为企业带来经济利益，甚至还会导致企业的经营面临困境。要解决该风险，只能是出租人加大研发投入，更新设备和技术，满足新市场对产品的需求。当然，出租人在评估租赁物的时候，对其使用期限和技术配置情况也应该深入调查，防范技术落后带来的损失或风险。

4. 承租方的不可抗力风险防范

不可抗力风险来源于不可预知，发生时没有办法克服。尤其是对于涉农中小企业来说，其与自然条件有着天生的紧密性。此类风险只能通过向银行、保险公司等购买保险的方式进行防范。

政府也应该发挥其调解作用,积极推动银行、保险公司等金融机构开发出更多的适合农业保险的业务。涉农中小企业应该将购买保险的费用视为企业的一项必要的经营支出,一旦产生危害,通过保险理赔可以减少损失。

参考文献

[1] 陈可.重庆市中小企业融资问题研究[D].重庆:重庆大学,2007.

[2] 刁瑞.我国互联网汽车融资租赁发展研究[J].北京:商务部国际贸易经济合作研究院,2019:65-75.

[3] 冯点.汽车融资租赁公司客户信用风险管理研究[J].市场周刊,2019(12):142-143.

[4] 黄尧.浅析重庆市农村金融的现状、问题及对策[J].现代营销,2017(7):298.

[5] 江小毅.民营科技企业开展融资租赁业务的问题及对策研究[J].金融与经济,2008(6):87-90.

[6] 蒋振声,周英章.发展融资租赁业的国际经验探析[J].经济纵横,2001(2)30-34.

[7] 李晓鹏.国际化有助于降低租赁行业流动性风险[EB/OL].(2011-05-25) https://news.ifeng.com/c/7fZl3x37xC3.

[8] 刘鹏.国泰租赁探索汽车租赁"新蓝海"[J].山东国资,2019(12):70-75.

[9] 秦晓云.有形动产融资租赁业务的会计与税务处理问题探讨:以汽车融资租赁公司为例[J].商业会计,2019(5):59-62.

[10] 裘企阳.融资租赁:理论探讨与实务操作[M].北京:中国财政经济出版社,2001:371-374.

[11] 沈磊. 农银租赁开辟服务“三农”新途径[N]. 中国城乡金融报,2013-01-31(A01).

[12] 时奎瑜. A 公司汽车融资租赁业务营销策略分析[J]. 现代营销(上),2020(3):99-100.

[13] 时小依. 浅谈融资租赁在服务“三农”中的作用[J]. 财经界,2011(6):71-72.

[14] 史燕平. 融资租赁及其宏观经济效应[M]. 北京:对外经济贸易大学出版社,2004:154-165.

[15] 史燕平. 融资租赁原理与实务[M]. 北京:对外经济贸易大学出版社,2005:321-323.

[16] 王信. 我国新型农村金融机构的发展特征及政策效果研究[D]. 成都:西南财经大学,2014.

[17] 吴红泽. 融资租赁——中小企业融资的有效途径研究[D]. 厦门:厦门大学,2009.

[18] 杨海田. 中国融资租赁业年鉴(2013 年卷)[M]. 北京:中国社会科学出版社,2013.

[19] 易欣. 重庆市微型企业发展融资决策研究[D]. 重庆:重庆师范大学,2012.

[20] 于晓娟. 融资租赁在现代农业中的作用探讨[J]. 甘肃金融,2011(7):42-43.

[21] 张海宁,张若雪. 融资租赁服务农业产业链发展研究[J]. 农村金融研究,2011(7):30-34.

[22] 张美娜. 农信社开展融资租赁业务服务“三农”的对策研究[D]. 保定:河北大学,2014.

[23] 郑诗琪. 汽车融资租赁资产证券化案例分析:以“R 租赁2017”为例[D]. 沈阳:辽宁大学,2019.

[24] 周文培. 经营租赁与融资租赁飞机的比较与评价[J]. 江苏航空,2002(1):18-19.

[25] AMEMBAL S P. International. Leasing: the Complete Guide[M]. [S. l.]: amembal & Associates, 2000: 18.

[26] BARCLAY M J, SMITH C W JR. The priority structure of corporate liabilities[J]. The journal of finance, 1995, 50(3): 899-917.

[27] DEVOS E, RAHMAN S. Location and lease intensity [J]. Journal of corporate finance, 2014, 29: 20-36.

[28] FAN J X, BURTON J R. Vehicle acquisitions: leasing or financing? [J]. Journal of consumer affairs, 2005, 39(2): 237-253.

[29] GRENADIER S R. Leasing and credit risk[J]. Journal of financial economics, 1996, 42(3): 333-364.

[30] JAMES S C. Lease or Buy . Principles for soun corporate caisson making [M]. Boston: Harvard Businss School Press, 1991.

[31] LAURENCE A. Cart lease in emerging markts[J]. Journal of business finance and accounting, 1996(275): 1037-1049.

[32] LEVIS L M. The Act Criminates of the Leasing of Small and Large Companies[D]. Lonaon: Lonaon City University Business School, 1994.

[33] NUNNALLY B H Jr, JOHNS H W. Corporate lease analysis: a guide to concepts and evaluation[M]. New York: Quorum Books, 1991.

[34] SHAWN. Lease Securitization[M]. [S. l.]: International lease cocurators and consultants, 1994.

[35] SMITH C W. Act criminates of corporate leasing policy mock[J]. Journal of finance, 1981(45): 305-318.